Hajo Bücken

Klasse Spiele:
Wahrnehmung und Konzentration

Klett I Kallmeyer

Bibliografische Information der Deutschen Nationalbibliothek
Die Deutsche Nationalbibliothek verzeichnet diese Publikation in der Deutschen Nationalbibliografie; detaillierte bibliografische Daten sind im Internet über http://dnb.d-nb.de abrufbar.

Impressum

Hajo Bücken
KlassenSpiele: Wahrnehmung und Konzentration

1. Auflage 2013

© 2013. Kallmeyer in Verbindung mit Klett
Friedrich Verlag GmbH
D-30926 Seelze
Alle Rechte vorbehalten.
www.friedrich-verlag.de

Redaktion: Susanne Lesaar, Freiburg
Illustrationen: Hendrik Kranenberg, Drolshagen
Realisation: Stefan Zielasko ǀ Sabine Duffens
Druck: Beltz Bad Langensalza GmbH, Bad Langensalza
Printed in Germany

ISBN: 978-3-7800-4972-8

Hajo Bücken

KlassenSpiele:
Wahrnehmung und Konzentration

Klett | Kallmeyer

Inhalt

Vorwort: Vorspiel

Spielkarten   **Spiel**

Gruppenbildung 1

Spieglein, Spieglein 2

Ich sehe was 3

Körpermusik 4

Quadratlauf 5

Tastkistchen 6

Teekesselchen 7

Wadenwissen 8

Wechselwahl 9

Tastatur 10

Raumsicht 11

Klassenwissen 12

Fünf Finger 13

Schätzchen 14

Summ summ 15

Klatschen – Greifen – Hopsen 16

Nicht ganz blind 17

Schwarze Magie 18

Wer bin ich? 19

Geschmackvoll 20

Hütchenspiel 21

Spiel das Wort 22

Riechen macht Spaß 23

Sportliche Jahreszeiten 24

Malhand 25

Knobeln 26

Schuhladen 27

Märchenhaft 28

Kim 29

Ordnen 30

Safari 31

30 Sekunden 32

Schnipselei 33

Ich Tier 34

Maschinen 35

Kreiseln 36

So siehst du aus! 37

Gedankenkette 38

Rate mal 39

Rätselhaftes 40

Förderschwerpunkte der Spiele

Download-Code

Vorspiel

Liebe Kollegin, lieber Kollege,

Sie kennen das: Immer wieder einmal gibt es eine Störung im Unterricht, ist die Konzentration weg, taucht ein Problem auf. Da kann es sinnvoll sein zu unterbrechen, eine Pause einzulegen und zu spielen. Dadurch werden schwierige Situationen entspannt, es wird gemeinsam gelacht und dennoch viel gelernt. Es geht ums Gewinnen und Verlieren, um den gemeinsamen Spaß. Und das ist auch gut so, denn die inneren Themen der hier vorge-schlagenen Spiele, der „heimliche Lehrplan", sind vielfach ernst.

Die Konzentration der Schüler zu erhöhen, ist immer sinnvoll, hapert es doch oft genau daran. Und je mehr sie wahrnehmen können, desto mehr können sich Ihre Schüler auf andere einlassen und auch sich selbst besser kennenlernen. Genau hinschauen, genau hinhören – es wäre schön, wenn dies durch Spiele weiterentwickelt werden könnte. Und dazu finden Sie hier Vorschläge, die sich sofort umsetzen lassen.

Sie können diese Sammlung als Buch oder Kartei nutzen. Dabei kann es sinnvoll sein, die Regeln kurz vor Spiel-beginn noch einmal zu überfliegen. Dafür können Sie die Karte an der perforierten Seite aus der Sammlung heraustrennen und mit in den Unterricht nehmen. Zur späteren Aufbewahrung reicht ein Karteikasten für A5-Karten. Ihre Anmerkungen und eigenen Spielideen können Sie gut auf weiteren Karten notieren und Ihr Material entsprechend sortieren.

Vor dem Einsatz der Spiele genügt ein kurzer Blick zur Orientierung. In der obersten Zeile sehen Sie, für welche Klassen das Spiel geeignet ist. Die Altersangaben sind mit Bedacht gewählt. Trotzdem können Sie einige Spiele in erfahrenen Spielgruppen auch schon früher einsetzen. Hier verlassen Sie sich bitte auf Ihre Spielerfahrungen. Auf der linken Vorderseite der Karten finden Sie kurze Hinweise zu Spielziel, -dauer und Spielerzahl. Die Spiele sind so ausgewählt, dass sie in jeder Schule, sei es in der Klasse oder auf dem Schulhof, gespielt werden können. Das Spielmaterial ist meistens mit wenig oder gar keinem Aufwand zu realisieren, manchmal auch mit einer etwas größeren Vorbereitung.

Im Download-Bereich zu dieser Spielsammlung finden Sie weitere Anregungen und Materialangebote. Zur Herstellung dieser Materialien ist ein wenig Zeit notwendig. Wenn Sie die Karten und Bilder laminieren, werden sie haltbarer, sodass sich dieser Zeitaufwand lohnt. In der Regel können Sie aber bei unseren Spielvorschlägen gleich losspielen.

Zu vielen Spielvorschlägen finden Sie auf den Karten auch Varianten. Diese ergänzen die Spiele thematisch. Aber auch durch kleine Veränderungen bekommen manche Spiele bereits einen ganz anderen Dreh.

Die „KlassenSpiele: Wahrnehmung und Konzentration" lassen sich gut mit dem gleichzeitig erschienenen Band „KlassenSpiele: Vertretungsstunden" kombinieren. Beide Bände ergänzen sich, weitere Veröffentlichungen in der Reihe „KlassenSpiele" werden folgen.

Wegen der besseren Lesbarkeit habe ich immer die männliche Form gewählt und von Spielern und Schülern geschrieben. Selbstverständlich sind damit auch immer Spielerinnen und Schülerinnen gemeint.

Ein Dank geht an Susanne Lesaar für die umfassende und kompetente redaktionelle Unterstützung.

Benutzen Sie also diese Sammlung im schulischen Alltag, wann immer eine Unterbrechung sinnvoll erscheint, wenn die Konzentration wiederhergestellt werden soll oder Sie die Wahrnehmung der Gruppe oder des Einzelnen erhöhen wollen. Und ganz bestimmt können Sie diese Spielvorschläge auch in Ihrem „normalen" Unterricht einsetzen.

Ich wünsche Ihnen, Ihren Schülerinnen und Schülern dabei viel Spielspaß.

Hajo Bücken, im Mai 2013

Gruppenbildung

Ziel
Gruppen bilden, Schiedsrichter bestimmen

Spieldauer
jeweils wenige Minuten

Anzahl der Spieler
wird auf diese Weise ermittelt

Räumliche Bedingungen
keine

Vorbereitungsaufwand
unterschiedlich

Material
verschieden (Schaumstoffwürfel, Spiel-Chips, Zettel mit Suchkriterien, Lego®-Steine, Tierfiguren, Schokolinsen)

Zu dieser Karte
Bei den in diesem Buch präsentierten Spielen ist es immer wieder mal nötig, die Schüler vorher in Gruppen aufzuteilen oder einen Schiedsrichter zu bestimmen. Wie dies spielerisch geschehen kann, zeigen die folgenden Ideen.

Gruppen bilden

Abzählen
Das ist der „Gruppenbildungsklassiker": Die Schüler stehen in einer Reihe und zählen abwechselnd von 1 bis 2, 3 oder 4, je nachdem, wie groß die Gruppe sein soll. Natürlich können Sie die Schüler bitten, sich beliebig in eine Reihe zu stellen. Wenn sie aber geordnet stehen, macht das allen Beteiligten mehr Spaß. Mögliche Ordnungskriterien können sein:

- Größe;
- Alter;
- Geburtstag (1.1. beginnt);
- Anfangsbuchstaben der Vornamen;
- Anzahl der Buchstaben im Vornamen;
- Hausnummer.

KlassenSpiele: Wahrnehmung und Konzentration (Grundschule) © 2013. Kallmeyer in Verbindung mit Klett

Würfeln

Die Schüler würfeln mit großen Schaumstoffwürfeln, wer zu welcher Gruppe gehört. Falls eine Gruppe bereits genügend Spieler hat, muss erneut gewürfelt werden, wenn die Zahl dieser Gruppe wieder fällt.

Chips ziehen

Die Spieler ziehen Spiel-Chips in verschiedenen Farben aus einem kleinen Beutel. Das dürfen natürlich auch Lego®-Steine, Tierfiguren oder bunte Schokolinsen sein.

Zettel ziehen

Bereiten Sie Zettel vor (in der entsprechenden Gruppenanzahl und -stärke) mit:

- Familienmitgliedern (Mama, Papa, Oma, Opa …), die sich finden müssen;
- verschiedenen Clownsgesichtern, die sich in einer Gruppe nicht wiederholen dürfen;
- Gesten (winken, Nase anfassen, Ohren zuhalten, klatschen …). Alle gehen durch die Klasse und führen dabei die Geste auf ihrem Zettel so lange aus, bis sie ihre Partner mit der gleichen Geste gefunden haben;
- verschiedenen Tieren. Die Schüler geben die entsprechenden Laute von sich und finden sich so zu Gruppen;
- einzelnen Stücken von Vierer- oder Sechserpuzzles (zerschnittene Bilder oder Postkarten). Die Schüler setzen „ihr" Puzzle zusammen und haben so ihre Gruppe gefunden;
- ähnlich lautenden Namen (Leier, Geier, Meier, Reiher, Feier …). Die Schüler rufen auf ein Startsignal hin laut ihren Namen und suchen ihre Gruppe.

Einen Schiedsrichter bestimmen

Immer mal wieder benötigen Sie einen Schiedsrichter. Hier einige Vorschläge zur Auswahl. Schiedsrichter wird:

- das Geburtstagskind;
- der Jüngste / Älteste;
- der Kleinste / Größte;
- der mit dem kürzesten / längsten Namen;
- der mit den längsten Haaren;
- der mit dem kürzesten / längsten Schulweg;
- der mit den meisten Haustieren;
- wer am längsten singen kann, ohne zu atmen;
- wer die meisten Schlüssel bei sich hat;
- wer zuletzt Pommes frites gegessen hat;
- wer zuletzt im Kino war;
- der mit den meisten Geschwistern.

Natürlich können Sie die Schüler den Schiedsrichter auch wählen lassen oder Sie übernehmen selbst diese Aufgabe.

Spieglein, Spieglein

Ziel
Förderung von Konzentration und Koordination

Spieldauer
3 Minuten pro Durchgang

Anzahl der Spieler
jeweils in Gruppen mit 2, 3 oder 4 Spielern

Räumliche Bedingungen
keine; auch draußen spielbar

Vorbereitungsaufwand
keiner

Material
keines

Zum Spiel
Bei diesem Spiel sollen die durch einen Schüler vorgegebenen Bewegungen von einem oder mehreren Mitspielern so exakt wie möglich nachgemacht werden.

Anlass
Dieses Spiel unterstützt Schüler dabei, auf andere zu achten. Es kann z. B. bei Unruhe in der Klasse eingesetzt werden.

Spielverlauf
Die Schüler stehen neben ihren Tischen und haben genug Platz, um ihre Arme und Beine zu bewegen. Jeweils zwei Schüler stehen sich dicht gegenüber, berühren sich aber nicht. Sie winkeln ihre Arme so an, als ob sie ihre Handflächen auf die des Gegenübers legen wollten, halten aber durchgehend einen geringen Abstand zu diesen. Der Schüler, der die Bewegung vorgibt, bewegt eine Hand langsam zur Seite, bis sein Arm etwa einen rechten Winkel bildet. Der andere bewegt parallel dazu seine gegenüberliegende Hand mit, spiegelt also die Bewegung des ersten Schülers. Dann folgt das Gleiche mit der anderen Hand.

KlassenSpiele: Wahrnehmung und Konzentration (Grundschule) © 2013. Kallmeyer in Verbindung mit Klett

Variante 1

Der zweite Spieler bewegt die gleichen Körperteile wie der erste, spiegelt sie also nicht.

Variante 2

Der erste Spieler zieht die Lippen hoch, dreht den Kopf hin und her, blinzelt mit einem Auge, wackelt mit den Ohren oder streckt die Zunge heraus.
Der zweite Spieler macht diese Bewegungen nach. Sofern möglich, kann er sie auf Anweisung des ersten Spielers auch spiegeln („Spiegeln!"/„Nicht spiegeln!").

Variante 3

Drei und später vier Spieler stehen zusammen (im Drei- bzw. Viereck). Ein Spieler gibt Bewegungen vor. Diese können außer mit Armen, Beinen und dem Kopf auch mit Ober- oder Unterleib oder dem gesamten Körper ausgeführt werden, dabei darf sich aber niemand von seinem Standort wegbewegen. Der erste Spieler gibt wieder die Anweisungen: „Spiegeln!" oder „Nicht spiegeln!" Nach einem Durchgang übernimmt der nächste Schüler das Kommando.

Variante 4

Zwei, drei oder vier Schüler stehen zusammen. Einer von ihnen schneidet eine Grimasse, die anderen machen sie nach, aber nicht gleichzeitig, sondern nacheinander. So entsteht eine „Grimassenwelle". Ist die erste Welle durchgelaufen, schneidet der nächste Schüler „seine" Grimasse.

Variante 5

Die Schüler haben genügend Platz für etwas größere Bewegungen. Nun kann einer von ihnen z. B. eine Schrittfolge vorführen, sich einmal um die eigene Achse drehen, in die Hocke gehen etc. Die anderen imitieren seine Bewegungen.

Variante 6

Wenn das Spiel draußen stattfindet, kann die gesamte Klasse gleichzeitig mitmachen. Alle stehen im Kreis. Ein Schüler gibt eine Bewegung vor. Beginnend mit dem Spieler links von ihm, machen alle nacheinander diese Bewegung nach, sodass sie wie eine Welle einmal im Kreis herumläuft.

Differenzierung

Die Bewegungen können mit Lauten, Geräuschen und Worten begleitet werden. Dabei sollte jede Gruppe darauf achten, trotz des Spielspaßes nicht allzu viel Lärm zu machen, um die anderen Spieler nicht zu stören. Der Spieler, der eine Bewegung vorgibt, sagt also z. B.: „Oh!", wenn er den Kopf zu Seite legt, oder: „Lecker!", wenn er sich mit einer Hand den Bauch reibt.

Ich sehe was

Ziel
Wahrnehmung, Konzentration und
Sprachvermögen fördern

Spieldauer
variabel

Anzahl der Spieler
gesamte Klasse, eventuell kleinere Gruppen,
falls es sonst zu laut wird

Räumliche Bedingungen
keine

Vorbereitungsaufwand
keiner

Material
keines

Zum Spiel
Ein Objekt wird anhand seines Aussehens beschrieben,
aber nicht benannt. Die Mitspieler müssen herausfinden, um was es sich handelt und dabei die Menschen
und Dinge um sich herum sehr genau wahrnehmen.

Anlass
Bei diesem Spiel geht es um genaues Zuhören. Es eig-
net sich als kleine Pause zur Wiederherstellung der
Aufmerksamkeit.

Spielverlauf
Der Schüler, der Geburtstag hat (oder gerade hatte),
beginnt. Er sucht sich etwas aus, was er beschreiben
möchte. Dabei sollte er es vermeiden, diesen Gegenstand länger anzusehen, weil seine Mitspieler sonst
erraten könnten, was er gewählt hat.
Nun beschreibt er diesen Gegenstand und beginnt seine Sätze dabei immer mit der Formel: „Ich sehe was,
was ihr nicht seht, und das ist …" Er sagt zum Beispiel:
„Ich sehe was, was ihr nicht seht, und das ist eckig."
Alle anderen dürfen nun ihre Idee in den Raum rufen
(aber nicht zu laut).

KlassenSpiele: Wahrnehmung und Konzentration (Grundschule) © 2013. Kallmeyer in Verbindung mit Klett

Ist das Rätsel zu diesem Zeitpunkt bereits von einem Schüler gelöst, darf dieser weitermachen. Falls nicht, gibt das Geburtstagskind den nächsten Hinweis. Es muss dabei alles bisher Gesagte – und das in der richtigen Reihenfolge – wiederholen. Also:

„Ich sehe was, was ihr nicht seht, und das ist eckig und leicht."

Wieder wird geraten. Wieder keine Lösung? Dann weiter:

„Ich sehe was, was ihr nicht seht, und das ist eckig, leicht und bunt."

„Das Bild mit den vielen Tieren da an der Wand zwischen den beiden Fenstern."

„Ja, stimmt. Du bist dran."

Variante 1

Dieses Spiel kann natürlich auch draußen stattfinden, auf dem Schulhof, während einer gemeinsamen Wanderung, im Landschulheim, im Bus oder Zug dorthin …

Variante 2

Glanzleistungen sind zu erwarten bei dieser schwierigeren Variante: Jetzt geht es um Verborgenes.

„Ich sehe was, was ihr gar nicht sehen könnt …" Nun kann ein Schlüsselbund gemeint sein, ein Taschentuch, eine Socke, vielleicht sogar etwas aus der Schulmappe eines Mitschülers.

Dabei sollte allerdings vorher vereinbart werden, um welchen „Raum" es geht, das Klassenzimmer oder den Schulhof, die Turnhalle oder den Sportplatz …

Ist der Gegenstand geraten, muss natürlich überprüft werden, ob alles stimmt. Dazu muss ein Schüler vielleicht seine Schulmappe leeren oder die ganze Klasse auf dem Schulhof nachsehen.

Differenzierung

Geben Sie Einschränkungen vor, z. B.:

- Es dürfen keine Farben genannt werden.
- Die Dinge dürfen nicht größer / kleiner sein als fünf Zentimeter.
- Die Dinge sollen nicht aus Holz, Eisen etc. sein.

Ende

Beenden Sie das Spiel, wenn Sie den Eindruck haben, dass es erlahmt. Dann darf ein letztes Mal geraten werden und danach ist Schluss.

Körpermusik

4

Ziel
Wahrnehmung, Konzentration und Fantasie fördern

Spieldauer und Zeitpunkt
jeweils 3 Minuten

Anzahl der Spieler
jeweils 2 Schüler;
Varianten 2 und 3: jeweils 8 Schüler

Räumliche Bedingungen
keine; kann auch draußen gespielt werden

Vorbereitungsaufwand
keiner

Material
für die Varianten 2 und 3: Augenbinde;
für Variante 4: Tische

Zum Spiel
Hier sollen Geräuschquellen identifiziert werden. Dabei geht es um genaues Hinhören und das Umsetzen des gehörten Geräusches im Kopf, um der Quelle auf die Spur zu kommen.

Anlass
Dieses Spiel schärft den Hörsinn und kann zum Abbau von Spannungen in der Klasse eingesetzt werden.

Spielverlauf
Ein Freiwilliger stellt sich vor die Klasse, die anderen Schüler drehen sich um, damit sie ihn nicht sehen können. Nun darf der Schüler jede Art von Geräuschen machen, dafür aber nichts anderes als seinen Körper einsetzen: Er kann husten, die Nase hochziehen, sich räuspern, mit den Zähnen klappern etc.
Manche Kinder können auch mit einem in den Mund gesteckten Finger, den sie gegen die Innenwand der Backe drücken und dann schnell wieder herausziehen, ein „Plopp!" produzieren. Vielleicht verfügt der eine oder andere Schüler noch über weitere „Kunststückchen".

KlassenSpiele: Wahrnehmung und Konzentration (Grundschule)   © 2013. Kallmeyer in Verbindung mit Klett

Derjenige, der glaubt, die „Körpermusik" erkannt zu haben, darf nach vorne gehen und sie imitieren. Hat er richtig geraten, macht er das nächste Geräusch.

Variante 1

Zwei Schüler stellen sich Rücken an Rücken. Die anderen schauen ihnen zu, geben aber keine Kommentare ab. Einer der beiden produziert wieder ein Geräusch, entweder mit seinem Körper oder mit irgendetwas, was er anhat: einem Druckknopf, dem Reißverschluss, der Gürtelschnalle, dem Schuh o. Ä.

Der zweite Schüler muss diesen Laut nachmachen. Hat er ihn richtig erkannt und wiederholt, ist er an der Reihe, ein Geräusch zu produzieren. Falls nicht, wiederholt der erste Schüler seines. Hat der andere auch nach dem dritten Mal das Geräusch nicht erkannt, versucht sich der erste mit einem anderen.

Danach machen die nächsten zwei Schüler weiter.

Variante 2

Acht Schüler stellen sich im Kreis auf. Ein Freiwilliger platziert sich in der Kreismitte und bekommt die Augen verbunden. Nun produziert ein Schüler, der vorher die Hand hebt, ein Geräusch. Der „Blinde" muss diesen Schüler finden und ihm auf die Schulter tippen. Wenn dieser der „Geräuschverursacher" ist, muss er sein Geräusch wiederholen, und der Schüler in der Mitte wird ausgewechselt. Wurde der falsche Schüler angetippt, sucht der „Blinde" weiter.

Variante 3

Diese Variante ist für die älteren Schüler gedacht: Nun wird das Geräusch von Schüler zu Schüler im Kreis herumgegeben. Der „Blinde" versucht, denjenigen zu erwischen, der gerade das Geräusch macht. Schafft er das, wechselt der „Erwischte" in die Mitte.

Variante 4

Auch für die etwas Älteren: Jetzt produzieren gleich zwei Schüler Geräusche, die sich jedoch deutlich voneinander unterscheiden sollen. Gar nicht so einfach zu erraten …

Variante 5

Ein paar Schüler gehen nach vorne und drehen sich zur Tafel, damit sie die anderen nicht sehen können. Nun produzieren ihre Mitschüler nacheinander Geräusche, indem sie mit den Fingern auf ihre Tische klopfen. Die Schüler vorne an der Tafel sollen herausfinden, was mit diesen Geräuschen gemeint ist. Sie können z. B. Regentropfen, schwere Schritte, Anklopfen, den Beginn eines allen bekannten, aktuellen Musikstücks o. Ä. darstellen. Natürlich dürfen sich die Schüler an der Tafel untereinander beraten.

Quadratlauf

KlassenSpiele: Wahrnehmung und Konzentration (Grundschule) © 2013 · Kallmeyer in Verbindung mit Klett

Ziel
Orientierungssinn trainieren, Konzentration fördern

Spieldauer
30–45 Minuten

Anzahl der Spieler
gesamte Klasse

Räumliche Bedingungen
genügend Platz (mindestens 4 x 4 Meter)

Vorbereitungsaufwand
gering

Material
Bierdeckel, eventuell: Maßband, 2 Augenbinden

Zum Spiel

In diesem Spiel geht es darum, sich mit geschlossenen Augen nach bestimmten Regeln im Raum zu bewegen und dabei möglichst den Ausgangspunkt der Bewegung wiederzufinden.

Anlass

„Quadratlauf" ist jederzeit einsetzbar. Es unterstützt die Raum-Lage-Orientierung, die Voraussetzung für das Lesen-, Rechnen- und Schreibenlernen ist.

Spielverlauf

Wenn Sie dieses Spiel im Klassenraum durchführen, müssen Sie zunächst für ausreichend Platz sorgen und alle Hindernisse an die Seite räumen, damit sich niemand anstoßen oder verletzen kann. Legen Sie in einer Ecke dieses freien Raumes einen Bierdeckel auf den Boden.

Ein Schüler kommt nach vorne, stellt sich auf den Bierdeckel und schließt die Augen. Nun soll er vier Schritte nach vorne gehen, dann eine Wendung um 90 Grad nach rechts machen, danach wiederum vier Schritte und anschließend wieder eine Vierteldrehung nach rechts.

Das wiederholt er noch zweimal und darf dann die Augen öffnen. Steht er wieder auf dem Bierdeckel?

Differenzierung des Grundspiels

Falls Sie die – älteren – Schüler so einschätzen, dass dieses Spiel als Wettbewerb gewünscht wird, messen Sie nach jedem Lauf die Entfernung vom Fuß bis zum Bierdeckel und schreiben das Ergebnis neben dem Namen des Schülers an die Tafel. Wenn alle ihren Orientierungslauf hinter sich haben, ist der Sieger schnell festgestellt und wird entsprechend gelobt.

Variante für die Turnhalle

Wenn Sie die Turnhalle zur Verfügung haben, kann dieses Spiel noch etwas ausgedehnt werden. Dazu brauchen Sie dann die Augenbinde.
Ein Schüler stellt sich in die Mitte, die anderen in einem weiten Quadrat um ihn herum. Ein weiterer Schüler beginnt das Spiel. Er lässt sich die Augen verbinden und wird neben den ersten Spieler geführt. Dieser legt ihm die Hände auf die Schultern und bewegt ihn in die Richtung, in die er gehen soll. Dann geht er „blind" los.

Differenzierung der Turnhallenvariante

Bei jüngeren Schülern geben Sie vier Schritte vor, nach denen jeweils die Wendung um 90 Grad erfolgen soll. Ältere können Sie auch die Anzahl der Schritte wählen lassen.

Variante für den Schulhof

„Quadratlauf" kann natürlich auch auf dem Schulhof gespielt werden. In diesem Fall sollten dann aber nur Schüler Ihrer Klasse auf dem Hof sein.
Benutzen Sie wieder die Augenbinde. Als Startpunkt kann nun ein Baum, eine Bank oder irgendein anderer Gegenstand gewählt werden. Die Schüler, die gerade nicht laufen, bilden einen Kreis und verhindern so, dass der „Läufer" irgendwo anstößt.

Differenzierung „Doppeltes Lottchen"

Wählen Sie zwei Freiwillige aus. Die bekommen die Augen verbunden und sollen nun auf dem Schulhof den „Quadratlauf" als Pärchen bestreiten.

Tastkistchen

Ziel
haptische Wahrnehmung entwickeln, Feinmotorik verfeinern

Spieldauer
1 Schulstunde

Anzahl der Spieler
gesamte Klasse oder Gruppen mit jeweils 6–8 Schülern

Räumliche Bedingungen
keine

Vorbereitungsaufwand
gering bis hoch, je nach gewählter Variante

Material
Tastkiste mit Inhalt, eventuell: Augenbinde

Zum Spiel
In diesem Spiel geht es darum, mit geschlossenen Augen kleine Gegenstände zu erfühlen und zu erkennen.

Anlass
Die Förderung und Verfeinerung der haptischen Wahrnehmung unterstützt die Entwicklung des kognitiven Denkens, daher kann dieses Spiel im Unterricht jederzeit sinnvoll eingesetzt werden.

Spielverlauf
Die Schüler sitzen auf ihren Plätzen. Sie gehen durch die Klasse und bitten einen von ihnen, die Augen zu schließen.

Suchen Sie einen Gegenstand aus dem Tastkistchen aus, zeigen Sie ihn allen anderen Schülern und geben Sie ihn dann dem Schüler mit den geschlossenen Augen in die Hände. Der fühlt nun so lange daran herum, bis er glaubt, ihn identifiziert zu haben.

Natürlich können Sie gegebenenfalls helfen und Tipps geben, falls das Objekt schwer zu identifizieren ist – oder den Ratenden im umgekehrten Fall verunsichern, etwa, indem Sie z. B. bei einem Haarring, den man

KlassenSpiele: Wahrnehmung und Konzentration (Grundschule) © 2013. Kallmeyer in Verbindung mit Klett

schnell erkennt, nach dessen Farbe fragen. Die kann nun einmal nicht ertastet werden, aber Sie haben sicher die Lacher auf Ihrer Seite.

Sobald der Schüler meint, die richtige Lösung zu kennen, sagt er sie und darf die Augen öffnen. Wenn er den Gegenstand richtig ertastet hat, kommt der nächste Schüler an die Reihe.

Das Tastkistchen

Präparieren Sie vor dem Unterricht ein „Tastkistchen". Das kann eine schöne Schachtel sein, ein Holzkistchen oder eine Blechdose, in die 30 bis 40 kleine Gegenstände hineinpassen sollten.

Im Tastkistchen des Autors befinden sich u. a. folgende Dinge:

Büroklammern, kleine Plastikwäscheklammern, Ring, Stein, kleiner Spielzeugbagger, Radiergummi, kleines Häuschen, Zahnstocher, Spielzeugauto, Püppchen, Haargummi, Knopf, Haarspange, Fingerhut, Nagel, USB-Stick-Kappe, Erdnuss, Zuckerstückchen, Streichholz, Wattestäbchen, Münze, Batterie (klein, Scheibe), Teebeutel, Bonbon im Papier, Reißverschluss-Zip, Schraubenmutter, Würfel, Kuli-Spirale, Klebehaken, Dübel, Pinsel (Augenbrauen), Stück Schnur, Perle, Zinken eines Kamms, Musterklammer.

Variante 1

Bitten Sie jeden Schüler, einen kleinen Gegenstand abzugeben. Das geschieht natürlich so, dass die anderen Schüler nicht sehen, um was es sich handelt. Dieser Gegenstand kommt in das Tastkistchen.

Nun schließt der erste Schüler die Augen. Sie holen einen Gegenstand aus dem Kistchen und zeigen ihn den anderen. Dann geben Sie ihn dem „Blinden" zum Ertasten in die Hände. Ist die Aufgabe schwer, darf derjenige Schüler, dem der Gegenstand gehört, mit kleinen Tipps helfen.

Variante 2

Jetzt bitten Sie sechs oder acht Schüler, Gegenstände abzugeben, jeder so, dass die anderen Freiwilligen es nicht sehen. Nun schließt der erste Schüler die Augen (oder ihm werden die Augen verbunden). Dann reichen Sie ihm einen Gegenstand nach dem anderen. Er soll seinen eigenen herausfinden.

Bei älteren Schülern kann die Regie für diese Spielvariante auch an einen Schüler vergeben werden.

Differenzierung für ältere Schüler

Legen Sie einen Gegenstand vor einem Schüler auf den Tisch. Er soll das Objekt ertasten, ohne es aufzuheben. Nun „fehlt" eine Wahrnehmungsdimension und das Ganze wird deutlich schwerer.

Teekesselchen

Ziel
Konzentration, Kombination und Sprachvermögen fördern

Spieldauer
20–45 Minuten

Anzahl der Spieler
zu zweit und mit der ganzen Klasse

Räumliche Bedingungen
keine

Vorbereitungsaufwand
ein paar Minuten

Material
Zettel mit den Begriffen für die Teekesselchen

Zum Spiel
Zwei (oder drei) Schüler beschreiben einen Begriff mit mehreren Bedeutungen und die ganze Klasse muss versuchen, diesen zu erraten.

Anlass
Der Einsatz dieses Spiels empfiehlt sich bei Konzentrationsproblemen.

Spielverlauf
Zwei Schüler gehen kurz mit Ihnen vor die Tür. Entweder geben Sie ihnen dort einen Begriff vor (Kärtchen aus Download-Bereich) oder die beiden überlegen sich einen und entscheiden, wer welche Deutung vertritt, z. B. für den Begriff „Ton": Ein Schüler vertritt den Ton, den man hören, der andere den Ton, den man kneten kann. Sie können sich noch gegenseitig Tipps geben, dann gehen sie in den Klassenraum zurück.
Spieler A sagt nun z. B.: „Mein Teekesselchen kann man hören.", und Spieler B: „Meines ist stumm."
Nächste Runde: Spieler A: „Mein Teekesselchen gibt es in verschiedenen Höhen.", Spieler B: „Meines wird geformt."

Folgende Runde: Spieler A: „Mein Teekesselchen wird auch durch Instrumente gemacht.", Spieler B: „Meines hat etwas mit Brennen zu tun."

So geht es weiter, bis jemand auf die richtige Antwort kommt. Fällt einem der beiden Schüler nichts mehr ein, können Sie ihm helfen.

Die anderen Schüler raten und rufen ihre Vermutungen laut in die Klasse. Wer den Begriff herausgefunden hat, sucht sich einen Partner und das Spiel beginnt von Neuem.

Beispiele für einfache und schwere „Teekesselchen"
(siehe auch Download-Material)
1. einfach
Bienenstich (Insektenwunde / Gebäck); Birne (Glühkörper / Obst); Drachen (Fluggerät / Fabeltier); Fliege (Insekt / Kleidungsstück); Glas (Scheibe / Trinkgefäß); Hahn (Wasser / Tier); Igel (Tier / Haarschnitt); Kater (Haustier / Brummschädel); Klappe (Mundwerk / Öffnung); Nagel (Finger / Befestigung); Pferd (Tier / Turngerät); Schlange (Tier / Wartende); Zahn (Gebiss / Fahrradkette)

2. schwer
Angel (Fanggerät / Türhalterung); Fall (Sturz / Kasus); Brett (Holzstück / Spielunterlage); Clip (Ohrring / Musikclip); Erde (Boden / unsere Welt); Futter (Nahrung / Stoffschicht); Jaguar (Tier / Automarke); Klette (Pflanzenfrucht / anhängliches Wesen); Läufer (Sportler / Teppich); Mühle (Mahlvorrichtung / Brettspiel); Quark (Milchprodukt / Teilchen); Reiter (Sportler / Markierungsklammer); Rost (Gitter / Metallschaden); Speiche (Radteil / Knochen); Untertasse (Geschirr / UFO); Veilchen (Blume / blaues Auge); Wanze (Tier / Abhörgerät)

Variante
Es gibt auch Begriffe mit drei Deutungen. In diesen Fällen gehen natürlich drei Schüler vor die Tür.

Hier einige „Dreier"-Begriffe (siehe auch Download-Material)
Bauer (Berufsstand / Spielfigur / Käfig); Kerze (Licht / Turnübung / Motorteil); Kreuz (Symbol / Rechenzeichen / Spielkartenfarbe); Note (Beurteilung / Tonzeichen / Papiergeld); Pass (Übergang / Ausweis / Fußballbegriff); Tor (Treffer / Narr / Eingang); Zug (Inhalation / Fahrzeug / Luftbewegung)

Tipp
Es ist einfacher, wenn sich die Spieler die Hinweise für die Mitschüler aufschreiben.

Wadenwissen

KlassenSpiele: Wahrnehmung und Konzentration (Grundschule) © 2013. Kallmeyer in Verbindung mit Klett

Ziel
Tastsinn verfeinern, Konzentration und Erinnerungsvermögen fördern

Spieldauer und Zeitpunkt
variabel

Anzahl der Spieler
jeweils Gruppen mit 4 Spielern

Räumliche Bedingungen
keine

Vorbereitungsaufwand
keiner

Material
3 Stühle, Augenbinde; Kleidung: Hosen, für Variante 4: Badeanzüge

Zum Spiel
Bei diesem Spiel geht es darum, Mitspieler anhand bestimmter Körperteile zu erkennen. Dabei müssen unbedingt die kulturellen und moralischen Einstellungen der Schüler beachtet werden! In jedem Fall sollten immer nur Freiwillige mitspielen und alle Schüler sollten Hosen tragen.

Anlass
Wenn die gruppendynamische Harmonie stimmt, kann sie durch dieses Spiel noch vertieft werden.

Spielverlauf
Drei Schüler stellen sich vor der Klasse nebeneinander auf drei Stühle (am besten die Schuhe ausziehen). Ein weiterer Freiwilliger kommt nach vorne und schaut sich die Waden der drei genau an. Dann werden ihm die Augen verbunden.
Die drei Schüler tauschen ihre Plätze, krempeln ihre Hosenbeine bis zu den Knien hoch und lassen die Strümpfe bis zu den Knöcheln herunter.
Der „Blinde" bekommt die Aufforderung: „An den Waden sollst du X (Name eines der drei Schüler) erkennen.

Du darfst aber nur an den Waden fühlen." Legen Sie seine Hände zunächst um die beiden Waden des linken Schülers, mit denen er beginnt. Anschließend soll er die des mittleren, dann die des rechten Schülers ertasten. Weiß der „Blinde" nach diesem ersten Durchgang noch nicht, welche Waden zu dem Genannten gehören, bekommt er noch einen zweiten Durchgang gestattet.

Einschränkung

Ist das Grundspiel für die Schüler einer Klasse nicht geeignet, können auch die Arme oder Hände ertastet werden. Oder aber die Hosenbeine werden einfach nicht aufgekrempelt.

Variante 1

Allen drei Schülern werden ihre jeweiligen Waden „zugeordnet". Ähnlich gebaute Schüler machen die Aufgabe natürlich schwieriger als etwa ein „Spindeldünner", ein „Kraftprotz" und ein „Rundlicher".

Variante 2

Der „Blinde" bekommt die Aufgabe, drei oder auch vier Schüler nach ihren Waden zu ordnen. Dazu wird ihm z.B. folgende Anweisung gegeben: „Stelle von links nach rechts zuerst A, dann B, danach C und zum Schluss, ganz rechts, D."

Variante 3

Diese Variante für draußen hat den schönen Namen „Badewade". Sie lässt sich wunderbar im Strandbad, auf einer Wiese oder auf Sand spielen.
Die Schüler sind mit Badehose oder -anzug bekleidet. Drei von ihnen stellen sich nebeneinander auf. Ein weiterer Freiwilliger kniet sich mit geschlossenen Augen vor sie und ertastet ihre Waden. Die Zone über den Knien ist dabei absolut tabu. Falls er beim Schummeln erwischt wird, findet er sich sofort im Wasser wieder.

Variante 4

Noch witziger: Das Spiel findet gleich im Wasser statt. Nun stehen die drei Wadenbesitzer bis zu den Knien im Wasser. Der vierte Freiwillige muss die Augen schließen, wird zu den Dreien geführt, kniet sich vor sie und versucht herauszufinden, wer wer ist.

Megatipp

Wenn Sie Ihren Schülern eine ganz besondere Freude machen wollen, dann nehmen Sie, nachdem dem Tastenden die Augen verbunden worden sind, den Platz des Schülers ganz rechts ein. Wenn nun der „Blinde" tastet, johlt bald die gesamte Klasse.

Wechselwahl

Ziel
Wahrnehmung und Konzentration fördern

Spieldauer
variabel

Anzahl der Spieler
gesamte Klasse

Räumliche Bedingungen
keine

Vorbereitungsaufwand
keiner

Material
für Variante 1: 3 Stühle

Zum Spiel
In diesem Spiel geht es darum, Menschen konzentriert wahrzunehmen und Veränderungen an ihnen und individuelle Merkmale bewusst zu registrieren.

Anlass
Dieses Spiel ist jederzeit einsetzbar, wenn die Konzentration Ihrer Schüler gefördert werden soll.

Spielverlauf
Fordern Sie Ihre Schüler auf: „Schaut mich genau an!", und stellen Sie sich in die Mitte des Raumes so vor sie hin, dass alle Sie gut sehen können. Danach geben Sie ihnen etwas Zeit und bitten sie dann, ihre Augen zu schließen.

Wenn Sie der Ansicht sind, dass einige das doch nicht tun oder es ihnen vielleicht nicht gelingt, können sich die Schüler auch mit dem Rücken zu Ihnen drehen.

Nun verändern Sie etwas an sich. Legen Sie den Schlips oder das Halstuch ab, krempeln Sie die Ärmel hoch, öffnen Sie einen Knopf, stecken sich eine Blume ins Haar, was immer Sie mögen und was immer Ihnen einfällt. Nun bitten Sie die Schüler, Sie wieder anzusehen und

KlassenSpiele: Wahrnehmung und Konzentration (Grundschule)   © 2013. Kallmeyer in Verbindung mit Klett

herauszufinden, was sich an Ihnen verändert hat. Das ist vielleicht nicht allzu schwer. Oder ist Ihnen etwas ganz Kompliziertes eingefallen?

Variante 1 „Einer von dreien"

Bitten Sie drei Freiwillige nach vorne, wo Sie schon Stühle für sie aufgestellt haben. Die drei setzen sich und der Rest der Klasse versucht nun, sich ihr Aussehen genau einzuprägen. Dann drehen alle die Köpfe weg und einer der Freiwilligen verändert etwas an sich. Ob die anderen wohl die Veränderung herausfinden?

Variante 2 „Paare"

Lassen Sie alle Schüler Paare bilden. Gibt es eine ungerade Schülerzahl, spielen Sie ebenfalls mit. Jedes Paar stellt sich mit den Gesichtern zueinander hin. Einer schließt die Augen, der andere verändert etwas an sich, das erkannt werden soll. Erkennt der Erste die Veränderung, werden die Rollen getauscht.

Auch hier gilt: Falls das Schließen der Augen gerade bei jüngeren Schülern eine zu große Anforderung ist, kann sich derjenige, der die Veränderung herausfinden soll, erst einmal umdrehen und sich dann, nach Aufforderung, dem anderen wieder zuwenden.

Tipp

Manche Kinder tun sich schwer mit einer Idee zur Veränderung. Diesen dürfen Sie ruhig ein paar Vorschläge zuflüstern.

Bei Jüngeren könnten das folgende sein …

- die Ärmel aufkrempeln;
- die Brille abnehmen;
- einen Punkt auf die Wange setzen;
- die Haare ins Gesicht fallen lassen;
- einen Schuh ausziehen;
- einen Schal umlegen;
- einen Ohrring ablegen etc.

… und bei Älteren eventuell diese

- den Pullover falsch herum anziehen;
- die Schnürsenkel aufmachen;
- den Gürtel abnehmen;
- den Ring abziehen;
- ein Hosenbein aufkrempeln;
- die Jacke an- und
- die Sonnenbrille aufziehen etc.

Tastatur

Ziel
taktile Wahrnehmung trainieren, Konzentration fördern

Spieldauer und Zeitpunkt
variabel, für Variante 4: ab 30 Minuten

Anzahl der Spieler
gesamte Klasse

Räumliche Bedingungen
keine

Vorbereitungsaufwand
ein paar Minuten

Material
Stoffsäckchen mit Kordel (Schuhbeutel), 12 Gegenstände, für Variante 4: Papier und Stifte

Zum Spiel
Die Spieler erfühlen Gegenstände durch einen Beutel hindurch und benennen sie.

Anlass
Dieses Spiel fördert die Aufmerksamkeit, daher ist es sinnvoll, es zu Beginn einer Schulstunde oder immer dann, wenn die Konzentration der Schüler spürbar sinkt, einzusetzen.

Spielverlauf
Suchen Sie für die jüngeren Schüler leicht zu ertastende Gegenstände aus, für die älteren können die Objekte anspruchsvoller sein. Die Gegenstände kommen später in den Beutel. Legen Sie diesen zunächst hinter einen Sichtschutz, in eine Schublade oder Ähnliches.

Grundspiel
Stecken Sie nun für die Schüler nicht sichtbar einen Gegenstand in den Beutel und schnüren Sie ihn zu. Dann geben Sie ihn einem Schüler und fordern diesen auf, von außen zu erfühlen, was darin ist. Der Schüler nennt seine Vermutung.

KlassenSpiele: Wahrnehmung und Konzentration (Grundschule) © 2013. Kallmeyer in Verbindung mit Klett

Jetzt geht der Beutel an seinen Nachbarn, der das Gleiche tut und anschließend die Vermutung des anderen bestätigt oder eine andere äußert. So geht es weiter, bis alle Mitspieler an der Reihe waren. Danach wird der Beutel geöffnet und der Gegenstand allen gezeigt. Richtig kombiniert? Gut! Wenn nicht, dürfen die Schüler, die nicht richtig gelegen haben, noch mal tasten. Dann kommt ein anderer Gegenstand in den Beutel und weiter geht's.

Variante 1
Geben Sie mehrere Gegenstände in den Beutel. Sie müssen alle richtig „erfühlt" werden.

Variante 2
Nun legen Sie alle Gegenstände in den Beutel. Einer der Schüler bekommt diesen wieder in die Hand und ertastet von außen ein Objekt. Er benennt es, öffnet den Beutel und nimmt es heraus. Richtig? Gut. Falsch? Dann wandert der Gegenstand wieder in den Beutel zurück, der an den nächsten Schüler geht.

Variante 3
Wieder sind alle Gegenstände im Beutel. Ein Schüler ertastet einen davon und benennt ihn. Nachdem der Beutel kräftig geschüttelt wurde, soll nun der nächste Schüler diesen Gegenstand wiederfinden. Dazu öffnet er den Beutel, darf aber nicht hineinschauen. Er nimmt den Gegenstand heraus. Richtig? Gut!

Variante 4 (für Schüler höherer Klassen)
Alle Gegenstände befinden sich im Beutel, der fest verschnürt ist. Er wandert von Schüler zu Schüler. Jeder ertastet von außen die einzelnen Objekte und schreibt sie auf.
Der Schüler, der den Beutel zuletzt in der Hand hatte, kommt nach vorne. Er öffnet ihn, ohne hineinzuschauen, und ertastet den ersten Gegenstand. Er benennt ihn und nimmt ihn danach aus dem Beutel. Nun zeigen alle Schüler auf, die diesen Gegenstand aufgeschrieben haben. Sie bekommen einen Punkt.
Der Schüler vorne am Pult ertastet den nächsten Gegenstand und so fort.
Sind alle Objekte benannt, wird der Sieger ermittelt, der Schüler mit der höchsten Punktzahl.

KlassenSpiele: Wahrnehmung und Konzentration (Grundschule) © 2013. Kallmeyer in Verbindung mit Klett

Raumsicht

KlassenSpiele: Wahrnehmung und Konzentration (Grundschule) © 2013. Kallmeyer in Verbindung mit Klett

Ziel
Wahrnehmung, Aufmerksamkeit und
Tastsinn trainieren

Spieldauer und Zeitpunkt
variabel

Anzahl der Spieler
gesamte Klasse

Räumliche Bedingungen
keine; einiges auch draußen spielbar oder
auf Spaziergängen und Ausflügen

Vorbereitungsaufwand
keiner

Material
für Variante 3: Augenbinde

Zum Spiel
In diesem Spiel geht es darum, sich möglichst präzise
an alltäglich wahrgenommene Dinge zu erinnern und
diese zu benennen.

Anlass
Das Spiel kann gut zu Beginn einer Schulstunde eingesetzt werden.

Spielverlauf
Die Schüler schließen jeweils vor einer Frage die Augen
und dürfen sie erst öffnen, wenn sie geantwortet haben.
Dabei können sie ruhig durcheinanderrufen. Danach
wird die richtige Antwort ermittelt. Vor Ihrer nächsten
Frage schauen sich ziemlich sicher viele Kinder noch
mal schnell im Raum um.

Mögliche Fragen zum Klassenraum

1. mit Ja oder Nein zu beantworten
- Geht die Klassentür nach innen auf?
- Hat dieser Raum mehr als drei Fenster?
- Ist der Boden aus Holz?

- Hat die Klassentür ein Fenster?
- Stehen an jedem Tisch zwei Stühle?
- Ist die Tafel aufgeklappt?
- Gibt es Blumen / Pflanzen im Raum?

2. genau zu beantworten
- Wie viele Tische / Stühle stehen im Raum?
- Welche Farbe haben die Wände?
- Was hängt neben der Tafel?
- Wie viele Bilder hängen an der Wand?
- Welche Farbe haben die Lampen?
- Was steht auf dem Fensterbrett?
- Wo hängen die Jacken / Mäntel?
- Gibt es eine Uhr und falls ja: Wo?
- Was hängt an der Decke?

3. für Jüngere
- Wer sitzt vor / neben mir?

4. für Ältere
- Wer fehlt heute?
- Wie viele Schüler sind heute da?, etc.

Variante 1 „Fragen zur Schule"
- Wie viele Stufen führen zum Klassenraum?
- Welche Farbe hat die Eingangstür zur Schule?
- Wie viele Bäume stehen auf dem Schulhof?

- Wie sehen die Außenmauern der Schule aus?
- Welche Farbe hat der Boden der Turnhalle?
- Trägt der Hausmeister eine Brille?
- Gibt es auf dem Schulgebäude Schornsteine?

Variante 2 „Fragen zum Umfeld"
- Wie heißt die Straße, an der die Schule liegt?
- Wo ist die nächste Busstation oder Straßenbahnhaltestelle?
- Wie heißt sie?

Variante 3
Ein Freiwilliger geht nach vorne und bekommt die Augen verbunden. Dann darf ihm ein anderer eine Frage zum Klassenraum, älteren Schülern auch zu Schule und Umfeld stellen. Wird die Frage richtig beantwortet, gibt es Beifall und der Fragende ist an der Reihe. Bei einer falschen Antwort wird derselbe Schüler noch mal gefragt.

Überprüfung
Zur Überprüfung der Antworten unternehmen Sie mit Ihrer Klasse eventuell einen Spaziergang auf den Schulhof.

Klassenwissen

Ziel
Aufmerksamkeit für die Mitschüler schärfen

Spieldauer
variabel

Anzahl der Spieler
gesamte Klasse

Räumliche Bedingungen
keine; auch draußen spielbar

Vorbereitungsaufwand
keiner

Material
keines

Zum Spiel
In diesem Spiel gilt es, Fragen nach den einzelnen Schülern beantworten zu können. Die Klasse soll sich dadurch besser kennenlernen und mehr auf den Einzelnen achten.

Anlass
Gut geeignet für den Morgenkreis am Montag.

Spielverlauf
Die Schüler schließen beim folgenden ersten Fragenkomplex jeweils vor einer Frage die Augen und dürfen sie erst öffnen, wenn sie geantwortet haben. Die Antworten können ruhig durcheinander in den Raum gerufen werden.

Alle Fragen in der folgenden ersten Liste (siehe Rückseite der Karte) drehen sich um die Schüler selbst. Nachdem alle geantwortet haben, wird festgestellt, welche Antwort die richtige ist. Für korrekte Antworten können auch Punkte vergeben werden.

KlassenSpiele: Wahrnehmung und Konzentration (Grundschule) © 2013. Kallmeyer in Verbindung mit Klett

Mögliche Fragen

- Wer fehlt heute?
- Wie viele Mädchen, wie viele Jungen sind in der Klasse?
- Wie viele Brillenträger gibt es?
- Wer ist Linkshänder?
- Wie viele Deutsche, Türken … gehören zur Klasse?
- Wer hat blaue Augen?
- Wie viele Schüler sind blond, wie viele haben schwarze Haare?
- Wie viele tragen heute Jeans?
- Wie viele haben eine Spange im Haar?
- Wie viele haben etwas Blaues, Grünes … an?
- Wer ist der/die Größte, Kleinste?

Variante 1

Die Schüler antworten nicht verbal, sondern stellen sich schweigend in entsprechenden Gruppen zusammen. Die Anregungen dafür lauten folgendermaßen:

- Alle, die heute Jeans/… tragen …
- Alle, die letzte Woche im Schwimmbad waren …
- Alle, die in diesem Jahr schon Geburtstag hatten …
- Alle, die heute mit dem Fahrrad gekommen sind … … kommen nach vorne.

Variante 2

Hier ist es nicht nötig, die Augen zu schließen. Jetzt kommt es auf das Wissen oder das richtige Einschätzen an.

- Wie viele von euch haben Geschwister?
- Wie alt ist der Jüngste/der Älteste?
- Wie viele haben kein Mobiltelefon?
- Wie viele haben einen Schlüsselbund in der Hosentasche?
- Wie viele haben heute Geld in der Tasche?
- Wie viele haben kein Pausenbrot?
- Wie viele haben einen Bruder/eine Schwester?
- Wie viele sind in einem Sportverein?
- Wie viele spielen ein Instrument?
- Wer wohnt der Schule am nächsten?
- Wer ist älter als das Geburtstagskind?
- Wer war letzte Woche in der Bibliothek?
- Wer war zuletzt im Schwimmbad?
- Wessen Schulweg ist der längste?

Fünf Finger

Ziel
Sprachvielfalt, Wahrnehmung, Konzentration und Feinmotorik trainieren

Spieldauer
10 Minuten

Anzahl der Spieler
gesamte Klasse

Räumliche Bedingungen
keine

Vorbereitungsaufwand
gering

Material
keines

Zum Spiel
Eine Fingergeschichte wird vorgelesen und von den Schülern entsprechend umgesetzt.

Anlass
Dieses Spiel eignet sich sehr gut zur Lockerung der Finger vor Schreibübungen.

Spielverlauf
Bevor Sie diese Geschichte Ihren Schülern vortragen, sollten Sie sie einige Male durchlesen und die Bewegungen der Finger gut einüben.
Lesen Sie nun die Geschichte vor und begleiten Sie den Text mit den passenden Fingerbewegungen. Lassen Sie sich Zeit, damit auch die langsameren Schüler mitkommen können.

Fingergeschichte „Fünf Finger sind eine Hand"
1
Es war einmal ein Finger. Ganz gekrümmt und schüchtern kam er zur Welt. Vorsichtig hob er den Kopf, äugte und schnupperte hin und her und erkundete die Welt. Endlich richtete er sich steil auf und stand stolz erhoben

KlassenSpiele: Wahrnehmung und Konzentration (Grundschule)   © 2013. Kallmeyer in Verbindung mit Klett

in seiner ganzen Pracht da. Der Finger stellte schnell fest, was er alles konnte: auf jemanden zeigen, jemandem drohen, in der Nase bohren und noch viel mehr. Aber allein war er, schrecklich allein.

2

Da kam ein zweiter Finger hinzu, ein ganz langer. Der streichelte dem kleineren zur Begrüßung zärtlich über den Nagel. Dann spielten sie zusammen. Sie konnten eine Schere nachmachen, das Siegeszeichen zeigen, den Kopf kratzen, den Nasenrücken reiben und noch vieles mehr. Aber das war ihnen bald nicht mehr genug.

3

Da kam ein dritter Finger hinzu, ein ganz dicker. Der streichelte den beiden zur Begrüßung die Kuppen. Dann spielten sie zusammen. Sie konnten schnipsen, schnalzen, dem Mund ein Häufchen Reis geben, das Zeichen für Geld machen und noch vieles mehr.

4

Da meldete sich ein vierter Finger zu Wort. Der Vierte war ein wenig ungeschickt. Schon bei der Umarmung zur Begrüßung musste ihm der Daumen helfen. Doch ringen konnten sie hervorragend miteinander. Und bis vier zählen: eins, zwei, drei, vier. Und eine Tasse Kaffee vornehm zum Mund führen. Und noch viel mehr.

5

Da kam plötzlich noch ein fünfter Finger hinzu, ein ganz kleiner. Den wollten die anderen alle beschützen. Aber er war frech und riss immer wieder aus. Doch zu fünft konnten sie jetzt die Faust ballen, schwören, streicheln, zupacken und noch viel mehr.

Alle

Sie beschlossen, zusammenzubleiben und sich Namen zu geben. Den kleinsten nannten sie einfach den „kleinen Finger", den mittleren den „Mittelfinger". Den, der zuerst da war, nannten sie „Zeigefinger", wo er doch so gut zeigen kann. Den dicken wollten sie nicht Finger nennen, steht er doch den anderen vieren gegenüber. Sie riefen ihn „dicker Baum", woraus irgendwann dann „Daumen" wurde. Für den letzten war es schwer, einen Namen zu finden. Aber weil er eitel war, sich gerne schmückte, nannten sie ihn schließlich „Ringfinger".

Hand

Für alle fünf schließlich fanden sie auch noch einen Namen:

Fünf Finger sind – eine Hand!

KlassenSpiele: Wahrnehmung und Konzentration (Grundschule) © 2013. Kallmeyer in Verbindung mit Klett

Schätzchen

Ziel
Mengen schätzen, vergleichen und messen lernen

Spieldauer
10 Minuten

Anzahl der Spieler
gesamte Klasse; eventuell in Gruppen aufteilen

Räumliche Bedingungen
keine

Vorbereitungsaufwand
gering

Material
3 identische Gläser, gefüllt mit Erbsen, Linsen und Bohnen oder anderen Materialien; Briefwaage, Maßband

Zum Spiel
Die Schüler üben auf verschiedene Art und Weise, Mengen, Verpackungen und anderes richtig einschätzen zu können.

Anlass
Dieses Spiel ist gut einsetzbar im Mathematikunterricht.

Spielverlauf
Die drei gefüllten Gläser stehen auf einem Tisch, um den sich die Schüler versammelt haben. Formulieren Sie nun Fragen, mit denen die Schüler dabei unterstützt werden, die in den Gläsern aufbewahrten Hülsenfrüchte mengenmäßig einzuschätzen.
Die erste Frage könnte z. B. lauten: „Was ist in welchem Glas?"
Zweite Frage: „In welchem Glas befinden sich die meisten Hülsenfrüchte und in welchem die wenigsten?"
Die Schüler schätzen, ruhig lautstark. Dann schütten Sie die Gläser nacheinander aus und es wird gezählt. In den Klassen 1 und 2 ist es sinnvoll, aus den Hülsenfrüchten Zehner-Gruppen zu bilden. Wer hat richtig geschätzt?

KlassenSpiele: Wahrnehmung und Konzentration (Grundschule) © 2013. Kallmeyer in Verbindung mit Klett

Variante

Dieses Spiel lässt sich natürlich auch mit anderen Materialien spielen, z. B. mit:

- Büroklammern, Heftzwecken, Sicherheitsnadeln;
- unterschiedlichen Kugeln;
- verschiedenen Nüssen, Baumfrüchten (Bucheckern etc.) und Kernen.

Tipp

In den höheren Klassen können die Schüler ihre Schätzung zu Papier bringen. Bitten Sie sie, zum einen zu schätzen, in welchem Glas die meisten Hülsenfrüchte enthalten sind etc., und zum anderen, wie viele Körner sich in jedem Glas befinden.

Dann kommen drei der Schüler nach vorne und zählen unter lauter Anteilnahme der gesamten Klasse nacheinander die Hülsenfrüchte. Zuletzt werden die geschätzten Ergebnisse vorgelesen. Wer dabei in der Schätzung der Anzahl vorne liegt, hat Anerkennung verdient.

Beispiele für Aufgabenstellungen

- Was wiegt mehr, Zucker, Salz oder Mehl?
- Wie viel wiegt eine Brille, ein Streichholz, ein Mobiltelefon, ein Schlüsselbund, ein Bleistift, ein Papiertaschentuch oder die ganze Taschentücher-Packung?
- Wie viele Blätter hat die Pflanze dort?
- Wie viele Seiten hat dieses Buch?

- Wie viel wiegt ein Apfel, eine Banane, ein Schulbrot?
- Den Schülern werden drei verschieden große Bücher gezeigt. Sie sollen nun schätzen, welches das schwerste und welches das leichteste ist. Die Schüler in den höheren Klassen können außerdem versuchen, das konkrete Gewicht dieser Bücher zu schätzen.
- Ein Freiwilliger zieht einen Schuh aus. Die Schüler schätzen, wie viel Gramm er wiegt. Dann wird der Schuh auf die Briefwaage gelegt und gewogen.
- Nun wird geschätzt, wie lang ein Schuh der Schuhgröße 41 ist. Wer glaubt, dass der Schuh 41 Zentimeter misst?
- Der kleinste und der größte Schüler stellen sich vor der Klasse auf. Ihre Mitschüler schätzen die Körperlänge der beiden, die sich dazu natürlich nicht äußern dürfen. Dann werden sie vermessen.
- Welches Mädchen hat die längsten Haare? Nach dem Schätzen wird gleich nachgemessen.
- Wie viel wiegen Münzen, wie viel Geldscheine?

Noch ein Tipp

Sie können sich natürlich auch selbst schätzen und dann vermessen lassen. Wetten, dass Ihre Schüler großen Spaß dabei haben werden?

Summm summm

Ziel
Wahrnehmung und Konzentration trainieren

Spieldauer und Zeitpunkt
jeweils 5–10 Minuten

Anzahl der Spieler
gesamte Klasse oder einzelne Freiwillige

Räumliche Bedingungen
keine;
auch draußen spielbar

Vorbereitungsaufwand
gering

Material
Kreide, eventuell: Tierkärtchen,
2 Augenbinden

Zum Spiel
Einem Freiwilligen wird durch gemeinsames Summen vermittelt, welche Aufgabe er bewältigen muss.

Anlass
Das Spiel kann gut vor einer Unterrichtsphase eingesetzt werden, bei der volle Konzentration benötigt wird.

Spielverlauf
Ein Freiwilliger wird vor das Klassenzimmer geschickt. Die anderen beraten, welche Aufgabe er anschließend erfüllen muss, z.B.:

- die Tafel aufklappen;
- mit Kreide etwas auf die Tafel malen;
- ein Fenster öffnen;
- sich auf seinen Platz setzen;
- eine Mütze aufsetzen;
- dem Lehrer die Hand geben;
- auf einem Bein stehen;
- etwas singen,
- die Tür öffnen;
- in die Hände klatschen;
- sich an die Nase, ans Ohr, an die Haare fassen …

KlassenSpiele: Wahrnehmung und Konzentration (Grundschule) © 2013. Kallmeyer in Verbindung mit Klett

Der Schüler kommt zurück in den Klassenraum. Seine Mitschüler müssen ihn nun zu seinem Ziel summen. Nähert er sich diesem, wird ihr Summen lauter, entfernt er sich davon, entsprechend leiser. Ist er am Ziel angekommen, muss er auf diese Weise auch herausfinden, was seine Aufgabe ist.

Variante 1

Der Schüler kommt zurück, darf aber nicht sprechen. Daher malt er entweder eines der unten genannten Tiere an die Tafel oder er zieht eine der vorbereiteten Tierkarten (siehe Download-Material) und zeigt sie der Klasse. Diese muss ihn nun mit exakt den Geräuschen, die dieses Tier von sich gibt, zum Ziel führen.

Mögliche Tierlaute

- Bär: brumm brumm;
- Elefant: törööh;
- Löwe: uahhh;
- Fisch: blubb;
- Hund: wau wau;
- Katze: miau miau;
- Kuh: muh;
- Schwein: öink öink;
- Schaf: mäh;
- Vogel: piep piep.

Variante 2

Zwei Freiwillige verlassen den Raum. Ihre Mitschüler überlegen sich in dieser Zeit eine gemeinsame Aufgabe für die beiden, die ihnen anschließend durch variierende Summtöne vermittelt wird.

Differenzierung

Zwei Freiwilligen werden die Augen verbunden. Dann werden sie (vorsichtig) an zwei verschiedene Stellen im Raum oder auch draußen geführt. Sie strecken ihre Hände so vor ihre Körper, dass ihre Handflächen nach vorne zeigen. Die beiden werden nur durch auf- und abschwellendes Summen zusammengeführt.

Variante 3 (für den Schulhof oder eine Wiese)

Die Schüler bilden zwei Gruppen, verteilen sich aber unabhängig davon auf dem Schulhof. Geben Sie jeder Gruppe ein Geräusch, z. B.: „Gruppe eins spielt einen Bären, also: brumm brumm." „Gruppe zwei spielt eine Katze, also: miau miau."
Nun geben alle ihre Laute von sich und müssen damit die Mitglieder ihrer Gruppe finden.

Variante 4

Immer zwei Spieler bekommen bestimmte Laute zugeordnet, anhand derer sich die beiden finden müssen.

KlassenSpiele: Wahrnehmung und Konzentration (Grundschule) © 2013. Kallmeyer in Verbindung mit Klett

Klatschen – Greifen – Hopsen

KlassenSpiele: Wahrnehmung und Konzentration (Grundschule) © 2013. Kallmeyer in Verbindung mit Klett

Ziel
Rhythmusgefühl entwickeln

Spieldauer
10 Minuten

Anzahl der Spieler
gesamte Klasse; Gruppen zu je 4 Schülern

Räumliche Bedingungen
keine;
auch für draußen geeignet

Vorbereitungsaufwand
keiner

Material
keines

Zum Spiel
Gemeinsam zu handeln, auf den anderen zu achten und im gleichen Rhythmus zu agieren, ist in diesem Spiel gefragt.

Anlass
Dieses Spiel kann im Musik- und Sportunterricht eingesetzt werden.

Spielverlauf
Im Folgenden finden Sie drei Rhythmusspiele, zuerst ein leichtes, dann zwei komplexere.

Grundspiel „Klatschen"
Sie stehen vor der Klasse, die Schüler stehen ebenfalls. Geben Sie ihnen Klatschrhythmen vor:
Dada dadada
Dadada dadada dadada
Da dada da da
Da dada da da da da
Dadada dadadada Dadada dadadada
Nun können sich Ihre Schüler selbst Rhythmen ausdenken und den Anderen vorgeben.

Variante „Greifen"

Vier Schüler kommen nach vorne und stellen sich so im Quadrat auf, dass jeder sein Gegenüber anschaut. Nun greift jeder mit der rechten Hand das rechte Handgelenk seines rechten Nachbarn. Einer übernimmt dabei das Kommando. Er zählt: „Eins – zwei – drei – vier."

Bei „Eins – zwei – drei" bewegen die Schüler ihre Hand jeweils ein wenig hoch und runter, sodass eine wippende Bewegung entsteht. Bei „vier" lösen sie jeweils ihre Hand und greifen nun das rechte Handgelenk des linken Nachbarn. Wieder wird das Kommando „Eins – zwei – drei – vier" gegeben.

Sind die Schüler eingespielt, geschieht das Umgreifen im gleichen Rhythmus wie das Wippen.

Variante „Hopsen"

Vier Schüler bilden einen engen Kreis und schauen sich an. Dann machen alle eine Vierteldrehung nach rechts außen und verlagern ihr gesamtes Gewicht auf den rechten, äußeren Fuß. Der linke Fuß pendelt frei. Das linke Bein anwinkeln und den Fuß in die linke Kniekehle des hinteren Spielers stecken. Genauso hakt sich der Fuß des vorderen Spielers in der eigenen Kniekehle fest. Zum Schluss die linke Hand zur Stütze auf die linke Schulter des Vordermannes legen.

Ein Spieler ruft: „Eins, zwei, drei und hopp, hopp, hopp." Bei jedem „Hopp" hüpfen die Spieler ein Stück nach vorn, sodass sich alle im Kreis bewegen. Langsam das Tempo steigern, mit der rechten Hand den anderen Schülern zuwinken. Zum Schluss langsamer werden und zum Stehen kommen. Dabei und beim Auseinandergehen ist Vorsicht angebracht, damit sich niemand wehtut.

Nicht ganz blind

Ziel
Koordination und Konzentration trainieren

Spieldauer
10 Minuten

Anzahl der Spieler
gesamte Klasse in unterschiedlichen Gruppengrößen

Räumliche Bedingungen
keine;
auch draußen spielbar

Vorbereitungsaufwand
keiner

Material
Streichholz, Murmel, Buch, Stift, Augenbinde

Zum Spiel
Die Schüler führen mit geschlossenen Augen schnelle, durchgehende Bewegungen aus oder müssen bestimmte Bewegungen koordinieren.

Anlass
Dieses Spiel kann immer dann eingesetzt werden, wenn sich Ihre Schüler besonders konzentrieren müssen.

Spielverlauf
Die Schüler stehen neben ihren Plätzen. Sie breiten ihre Arme aus und sollen in einer einzigen, raschen Bewegung die Spitzen ihrer Zeigefinger zusammenbringen. Nun schließen sie alle ein Auge und versuchen das gleiche noch mal; danach machen sie beide Augen zu und probieren es noch ein weiteres Mal.
Anschließend versuchen sie, mit geschlossenen Augen die Nasenspitze mit einem Zeigefinger zu berühren. Dazu strecken sie den Arm nach vorne und versuchen, die Nase mit einer einzigen durchgehenden Bewegung zu finden. Vorsicht, Ihre Schüler sollen sich dabei nicht in die Augen stechen!

KlassenSpiele: Wahrnehmung und Konzentration (Grundschule) © 2013. Kallmeyer in Verbindung mit Klett

Variante 1

Ein Schüler kneift ein Auge zu (wenn das zu schwierig ist, hilft eine Augenklappe) und versucht, einen auf dem Tisch liegenden Gegenstand (Streichholz, Murmel o.Ä.) zu greifen, einen Fenstergriff zu treffen, den Lichtschalter zu betätigen oder eine Buchseite umzublättern ...

Variante 2

Vier Schüler stehen sich kreuzweise gegenüber und versuchen, „einäugig" die Spitzen der Zeigefinger ihrer jeweils „schwachen" Hand, also der Hand, mit der sie nicht schreiben, zusammenzubringen.

Variante 3

Zwei Schüler spielen miteinander. Schüler A schließt die Augen oder bekommt die Augen verbunden. Er krempelt sich einen Ärmel auf. Schüler B tippt ihm mit dem Stift ganz leicht einen Punkt auf den Arm. Nun soll Schüler A mit dem Zeigefinger der anderen Hand genau auf diesen Punkt tippen. Gelingt ihm das?

Variante 4

Zwei Schüler stehen sich im Abstand von etwa zehn Schritten gegenüber. Einer schließt die Augen (oder bekommt sie verbunden) und muss versuchen, den anderen blind zu erreichen. Die restliche Gruppe ist aufgerufen aufzupassen, dass der Blinde nirgendwo anstößt. Hat er es geschafft, gehen beide Schüler wieder in die Ausgangsposition und der zweite wird zum „Blinden". Danach ist das nächste Pärchen an der Reihe.

Tipp

Variante 4 macht mehr Spaß, wenn man sie draußen spielt. Dann können auch Ziele wie Bäume oder Bänke etc. angesteuert werden oder zwei „Blinde" einander suchen. Immer jedoch sind die anderen Schüler gefragt, das Spiel abzusichern.

Differenzierung

Jeweils zwei Schüler bilden ein Paar. Einem von ihnen werden die Augen verbunden, während der andere sich als Denkmal in irgendeiner Pose (liegend, auf einem Bein stehend, Arme angewinkelt etc.) hinstellt. Der blinde Partner versucht, tastend herauszufinden, welche Pose sein Gegenüber eingenommen hat und sich ebenfalls in diese Position zu begeben.
Zum Schluss können Sie eine Auswertung durchführen, welchem Paar die beste Denkmalkopie gelungen ist.

Schwarze Magie

Ziel
Konzentration, Kombination und Wahrnehmung trainieren

Spieldauer
10 Minuten

Anzahl der Spieler
gesamte Klasse

Räumliche Bedingungen
keine

Vorbereitungsaufwand
keiner

Material
keines

Zum Spiel
Hier geht es darum, die Regel herauszufinden, nach der das Spiel abläuft.

Anlass
Lässt die Konzentration in der Klasse nach, kann dieses Spiel die Aufmerksamkeit wiederherstellen.

Spielverlauf
Im folgenden Spiel muss immer ein Spieler herausfinden, auf welchen Begriff sich seine Mitschüler in seiner Abwesenheit geeinigt haben.

Ohne dass die anderen mithören können, wird einem Freiwilligen vom Lehrer erklärt, dass ein Begriff immer dann der richtige ist, wenn er direkt auf eine Frage folgt, in der das Wort „schwarz" vorkommt. Es geht also nicht um die grüne Pflanze, auch nicht um die schwarze Brille von Marc, sondern um den Begriff, nach dem anschließend an die Erwähnung von Marcs schwarzer Brille gefragt wird, etwa: „Ist es denn die Tafel?"

Der Freiwillige geht vor die Tür und Sie fordern die anderen Schüler auf, flüsternd einen Begriff zu nennen, den der vor die Tür Geschickte nennen wird.

KlassenSpiele: Wahrnehmung und Konzentration (Grundschule) © 2013. Kallmeyer in Verbindung mit Klett

Sie wählen aus den Vorschlägen – alle vorgeschlagenen Gegenstände sollten sich im Klassenraum befinden – einen Begriff aus. Dann wird der Schüler hereingebeten. Sie zählen nun einige Begriffe auf und – oh Wunder! –, er wird den richtigen nennen.

Beispiel: Ausgewählt ist „Schulranzen"
Der Lehrer: „Ist es die grüne Pflanze dort?"
Der Schüler: „Nein!"
Der Lehrer: „Ist es Marions roter Pulli?"
Der Schüler: „Nein."
Der Lehrer: „Ist es meine braune Jacke?"
Der Schüler: „Nein."
Der Lehrer: „Ist es der schwarze Schulranzen von Paul?"
Der Schüler: „Nein."
Der Lehrer: „Ist es das Klassenbuch?"
Der Schüler: „Ja!"

Die anderen Schüler dürfen nun raten, welches Geheimnis hinter der „Schwarzen Magie" steckt. Finden sie es noch nicht heraus, folgt ein zweiter Durchgang usw. Nach drei oder vier Durchgängen ist entweder die Lösung gefunden oder Sie beenden das Spiel und der Schüler darf die Lösung erzählen.

Differenzierung
Bei den weiteren Durchgängen kann auch der Schüler, der das Geheimnis kennt, es dem nächsten Freiwilligen mitteilen. Dieser geht dann vor die Türe und kommt wieder herein, wenn sich die Klasse auf einen Begriff geeinigt hat. Der erste Schüler darf dann natürlich nicht mitraten.

Variante 1
In höheren Klassen kann es sich bei dem Rätsel auch um etwas handeln, das sich nicht im Klassenraum befindet, also nicht sichtbar ist, z. B.:
- das Landschulheim;
- der Basketball in der Turnhalle;
- die Mutter von Anna;
- das Riesenrad im Spielpark;
- die Schwimmhalle;
- Lehrerin X;
- der gerade abwesende Schüler …

Variante 2
Die Magie muss nicht „schwarz" sein. Jedes andere Lösungswort ist denkbar, genauso wie jeder andere Themenkreis.

Wer bin ich?

Ziel
Konzentration, Sprachkreativität und Kombinationsvermögen trainieren

Spieldauer
10 Minuten

Anzahl der Spieler
gesamte Klasse

Räumliche Bedingungen
keine

Vorbereitungsaufwand
gering, bei den unteren Klassen mehr

Material
Zettel, Stifte, Kopien, Klebeband

Zum Spiel
Hier geht es darum, durch geschicktes Fragen und Kombinieren der Antworten die eigene Spieleridentität oder andere Informationen herauszufinden.

Anlass
Dieses Spiel eignet sich besonders für den Deutsch- oder Fremdsprachenunterricht.

Spielverlauf

Grundspiel (für die Klassen 5 und 6)
Jeder Schüler schreibt auf seinen Zettel den Namen einer Persönlichkeit, die alle kennen: Til Schweiger, Mona Lisa, Jesus, der Papst, der Schulleiter, Lionel Messi …
Dann klebt jeder seinen Zettel so auf den Rücken eines anderen, dass der diesen Namen nicht sieht. Nun laufen alle durch die Klasse und stellen den anderen Schülern immer wieder Fragen, die nur mit „Ja" oder „Nein" beantwortet werden dürfen, z. B.:
- Bin ich weiblich?
- Lebe ich noch?

KlassenSpiele: Wahrnehmung und Konzentration (Grundschule) © 2013. Kallmeyer in Verbindung mit Klett

- Bin ich berühmt?
- Bin ich Schauspieler?
- Bin ich Sportler?
- Bin ich Deutscher? …

Wer seinen Namen herausbekommen hat, nimmt den Zettel vom Rücken und klebt ihn sich auf die Brust. Schülern, die sich schwer tun, kann nach einer gewissen Zeit mit Tipps geholfen werden.

Variante (für die Klassen 1 bis 4)

Zeigen Sie Ihren Schülern zunächst kopierte Abbildungen irgendwelcher Gegenstände, z. B.:

- Schultasche
- Haltestellenschild
- Bus
- Eiswaffel
- Schokolade
- Brötchen
- Haus
- Ball
- Fahrrad
- Brille
- Uhr / Wecker
- Tisch
- Stuhl
- Stift
- Hose
- Jacke
- Shirt
- Buch …

Dann kommen nacheinander alle Schüler zu Ihrem Pult und bekommen eine dieser Kopien auf den Rücken geklebt, ohne dass sie aber sehen könnten, um welchen Gegenstand es sich handelt.

Nun laufen alle Schüler durch die Klasse. Sie versuchen, den Gegenstand auf ihrem Rücken durch Fragen, die sich auf alle vorher gezeigten Gegenstände beziehen, herauszubekommen. Weil sich manche Schüler damit schwer tun, sollten einige der möglichen Fragen vorher besprochen werden. Sie könnten z. B. lauten:

- Bin ich aus Holz?
- Kann man mich essen?
- Kann ich fahren?
- Kann man mich anziehen?
- Kann man mit mir schreiben?
- Bin ich ein Werkzeug?
- Mache ich Geräusche?
- Kann man mit mir spielen? …

Geschmackvoll

Ziel
die gustatorische Wahrnehmung entwickeln

Spieldauer
jeweils 5–10 Minuten

Anzahl der Spieler
gesamte Klasse, Freiwillige

Räumliche Bedingungen
Landschulheim, Schulküche;
auch draußen spielbar

Vorbereitungsaufwand
größer; kann mit vielen „Zutaten" des
Spiels 23 kombiniert werden

Material
Augenbinde; Gläser, Besteck; Limonade,
Wasser, Lebensmittelfarben, Früchte, Nüsse,
Joghurts, Marmeladen, Schokolade, Eis, etc.

Zum Spiel
In den folgenden Spielen geht es darum, mit geschlos-
senen Augen, nur auf Zunge und Gaumen angewiesen,
Aromen zu erkennen und zu unterscheiden.

Anlass
Da diese Spiele am besten mit viel Ruhe und in einer
großen Schulküche durchgeführt werden, sind sie gut
geeignet für einen Landschulheim-Aufenthalt.

Spielverlauf

Limoverwirrung
In ein Glas wird Orangenlimonade gefüllt, in drei andere Mineralwasser. Dieses wird mit Lebensmittelfarbe
grün, rot und gelb gefärbt. Drei oder vier Freiwillige
kosten nun die Getränke und sollen die Orangenlimo
herausschmecken.

Früchtchen
Wenn Sie die Geschmacksproben mit Obst oder Ähnlichem durchführen, müssen die Früchte immer ganz
klein geschnitten werden, damit man sie nicht schon

KlassenSpiele: Wahrnehmung und Konzentration (Grundschule) © 2013. Kallmeyer in Verbindung mit Klett

an ihrem Aussehen erkennen kann. Die freiwilligen „Versuchskaninchen" versuchen herauszuschmecken, um welche Obstsorten es sich handelt. Ganz Mutige lassen sich dazu die Augen verbinden.

Bereiten Sie für eine „Frucht-Bar" Folgendes vor

- einen Teller mit verschiedenen Zitrusfrüchten (Apfelsine, Mandarine, Pampelmuse, Zitrone),
- einen zweiten Teller mit Banane, Kiwi, Ananas und Pfirsich.
- Auf den dritten Teller legen Sie Apfel (zur Verwirrung zwei Apfelsorten), Birne, Kirsche und Pflaume,
- auf einen vierten Teller kommen klein gehackte Nüsse (Mandeln, Erdnüsse, Haselnüsse, Paranüsse …).
- Fruchtjoghurts eignen sich ebenfalls bestens. Dazu den freiwilligen Verkostern die Augen verbinden und dann jeweils einen Löffel Erdbeer-, Himbeer- und Kirschjoghurt o. Ä. probieren lassen.
- Ebenso gut funktioniert der Geschmacksmarathon mit verschiedenen Sorten von Fruchtmarmelade …

Ziemlich süß

Brechen Sie verschiedene Schokoladestückchen ab und geben Sie sie zur Verkostung frei. Es sollten immer mal wieder zwei Stückchen derselben Schokoladensorte dabei sein, damit es nicht zu einfach wird.

Kalt und lecker

Wenn man eine Augenbinde trägt, kann es ziemlich schwierig werden, unterschiedliche Eissorten voneinander unterscheiden zu können. Wetten, dass das aber niemanden von der Geschmacksprobe zurückhalten wird?

Ganz würzig

Achtung: Dieses Spiel ist nur für ältere Schüler geeignet!
Bieten Sie ihnen die unterschiedlichen Gewürze feingemahlen auf kleinen Tellern an. Die Freiwilligen tippen mit dem etwas angefeuchteten Zeigefinger auf die verschiedenen Pulver.
Lassen Sie Ihre Schüler zunächst Curry, Muskat und Pfeffer probieren. Komplizierter wird es, wenn es gilt, Oregano, Majoran, Dill und Bohnenkraut voneinander zu unterscheiden. Wer das kann, dem gebührt ein dickes Lob.

KlassenSpiele: Wahrnehmung und Konzentration (Grundschule) © 2013. Kallmeyer in Verbindung mit Klett

Hütchenspiel

Ziel
Konzentration und Wahrnehmung trainieren

Spieldauer
5 Minuten

Anzahl der Spieler
jeweils 1 oder 2

Räumliche Bedingungen
keine

Vorbereitungsaufwand
ein paar Minuten, um das Verschieben der 3 Streichholzschachteln zu üben

Material
je 3 Streichholzschachteln und 1 Wollfaden für die Gruppenversion, 3 kleine Gegenstände; Stoppuhr

Zum Spiel
Bei diesem Spiel müssen die Schüler versuchen, eine bestimmte Schachtel, die sehr schnell mit anderen, gleich aussehenden Schachteln vertauscht wird, nicht aus den Augen zu verlieren.

Achtung!
Dieses Spiel ist als Hütchenspiel bekannt, bei dem Leichtgläubige gerne „abgezockt" werden. Warnen Sie Ihre Schüler, sich niemals auf dieses Spiel um Geld einzulassen. Die Profis gewinnen allemal!

Anlass
Gut einzusetzen, wenn in der Klasse Probleme mit Betrügereien zur Sprache kommen.

Spielverlauf
Die drei Streichholzschachteln liegen nebeneinander auf dem Tisch, in einer steckt der Wollfaden.
Ein Freiwilliger tritt an den Tisch, die anderen dürfen zuschauen. Nun öffnen Sie die drei Schachteln und zeigen allen Schülern deren Inhalt. Anschließend schließen Sie die Schachteln wieder und schieben diese so

schnell wie möglich einige Male hin und her. Dann stoppen Sie.

Der Schüler tippt nun auf die Schachtel, in der er den Faden vermutet. Richtig? Gut gemacht. Nun darf es dieser Schüler mit dem Tauschen probieren und ein zweiter versucht herauszufinden, wo der Wollfaden geblieben ist.

Variante 1

Danach versuchen zwei Spieler gemeinsam, die Aufgabe zu lösen. Dabei dürfen sie sich beraten. Vielleicht kommen sie darauf, dass es clever ist, wenn einer nur eine ganz bestimmte Schachtel im Auge behält.

Differenzierung

Sie können auch in allen drei Schachteln Dinge verstecken. Diese werden vorher gezeigt, danach werden die verschlossenen Schachteln wieder blitzschnell vertauscht. Diese Gegenstände dürfen beim Hin- und Herschieben der Schachteln aber kein Geräusch machen, an dem man sie erkennen könnte. Möglich wären da z. B. Wollfäden in drei unterschiedlichen Farben …

Variante 2

Dieses Spiel kann auch an mehreren Tischen gleichzeitig durchgeführt werden. Dazu teilen Sie die Klasse in möglichst gleich große Gruppen auf, in denen jeweils ein Spieler das Tauschen und ein anderer das Beobachten übernimmt. Jeder Spieler ist einmal an der Reihe. Wer die Aufgabe löst, bekommt einen Pluspunkt. Wenn alle Schüler einmal getauscht und einmal beobachtet haben, wird das Ergebnis der verschiedenen Gruppen verglichen und die Siegergruppe ermittelt.

Es ist auch möglich, nach Zeit und Punkten zu spielen. In diesem Fall wird eine bestimmte Zeit festgelegt, etwa drei oder fünf Minuten, und dann gestoppt. Die Gruppe, die dann die meisten Punkte erreicht hat, ist Gruppensieger.

Variante 3 (für die jüngeren Schüler)

Drei Schüler kommen nach vorne, stellen sich nebeneinander auf und bekommen jeweils eine Schachtel in die Hand. Dann wird ein Freiwilliger gesucht. Er stellt sich vor die drei, die nun ihre Schachteln öffnen und den Inhalt zeigen.

Die Schüler wechseln mehrmals schnell ihren Platz und stellen sich dann wieder nebeneinander. Der Freiwillige versucht nun den Schüler herauszufinden, in dessen Schachtel sich etwas befindet.

KlassenSpiele: Wahrnehmung und Konzentration (Grundschule) © 2013. Kallmeyer in Verbindung mit Klett

Spiel das Wort

Ziel
Konzentration und Kombinationsfähigkeit trainieren

Spieldauer und Zeitpunkt
jeweils 5–10 Minuten

Anzahl der Spieler
gesamte Klasse, je 2 oder 3 Freiwillige

Räumliche Bedingungen
keine;
auch draußen spielbar

Vorbereitungsaufwand
gering

Material 📄
vorbereitete Kärtchen

Zum Spiel
Die Schüler stellen Begriffe (einfache sowie zusammengesetzte) pantomimisch dar oder müssen diese Darstellungen erkennen und in Begriffe umsetzen.

Anlass
Dieses Spiel ist sehr gut im Deutschunterricht einsetzbar.

Spielverlauf

Grundspiel (für die Klassen 1 und 2)
Ein Freiwilliger tritt vor die Klasse und stellt ein von ihm selbst gewähltes Tier dar. Die anderen Schüler raten, um welches Tier es sich handelt. Wer dies als Erster herausfindet, darf das nächste Tier darstellen.

Variante 1
Ein Kind geht nach vorne und bekommt vom Lehrer den Namen eines Tieres ins Ohr geflüstert. Dann stellt es dieses Tier dar, wie oben beschrieben.
Falls das Tier zu schwer zu erraten ist, darf das Kind zu der Pantomime auch einen typischen Tierlaut von sich geben.

KlassenSpiele: Wahrnehmung und Konzentration (Grundschule) © 2013. Kallmeyer in Verbindung mit Klett

Variante 2 (für die Klassen 3 bis 6)

Sie geben zwei Freiwilligen ein vorbereitetes Kärtchen mit einem Begriff, der sich aus zwei spielbaren Teilen zusammensetzt (Beispiele siehe unten; diese finden Sie auch im Download-Material). Für die Begriffe aus drei spielbaren Elementen benötigen Sie natürlich drei Freiwillige.

Die Schüler beraten sich kurz. Jeder von ihnen übernimmt einen Teil des Begriffs. Dann spielen sie diese Teile entweder nacheinander oder auch gleichzeitig pantomimisch vor. In den Klassen 3 und 4 dürfen auch Geräusche dazu gemacht werden. Dadurch sollte das Erraten der Begriffe aber nicht zu leicht werden, sonst kommen die Darsteller nicht lange genug zum Zuge. Die anderen Schüler müssen den zusammengesetzten Begriff erraten. Dabei dürfen sie ihre Vorschläge jederzeit in die Klasse rufen.

Ist der Begriff gefunden, kommt das nächste Team an die Reihe. Einer der beiden nächsten Spieler sollte derjenige sein, der den Begriff erraten hat.

Mögliche Begriffe für die Pantomime

1. aus zwei Wörtern bestehend
- Hand-Ball
- Ring-Finger
- Fliegen-Klatsche
- Sonnen-Brand
- Schreib-Tisch
- Hühner-Schenkel
- Auto-Reifen
- Papier-Flieger
- Eisen-Bahn
- Sonnen-Brille
- Auto-Bahn
- Klassen-Fahrt
- Wasser-Mühle
- Werkzeug-Kiste
- Schild-Kröte

2. aus drei Wörtern bestehend
- Unter-See-Boot
- Arm-Band-Uhr
- Frei-Tag-Abend
- Brett-Spiel-Schachtel
- Nacht-Tisch-Lampe
- Kopf-Stein-Pflaster
- Spiel-Karten-Farbe
- Staub-Sauger-Beutel
- Gummi-Baum-Blatt
- Sonnen-Blumen-Kern
- Steh-Lampen-Schirm

Riechen macht Spaß

Ziel
die olfaktorische Wahrnehmung entwickeln

Spieldauer
jeweils 5–10 Minuten

Anzahl der Spieler
gesamte Klasse, Freiwillige

Räumliche Bedingungen
Landschulheim, Schulküche;
gut draußen spielbar

Vorbereitungsaufwand
größer; kann mit den „Zutaten" des Spiels 20
kombiniert werden

Material
Augenbinde; Teller, Messer, Löffel; Tücher;
Gewürze, Brötchen, Käse, Nüsse, Früchte,
Joghurts, Marmeladen

Zum Spiel
In den folgenden Spielen geht es darum, mit geschlossenen Augen, nur auf die Nase angewiesen, Düfte zu erkennen und zu unterscheiden.

Anlass
Ist z. B. in Biologie gerade der Geruchssinn Thema, so führen diese Spielvorschläge in den Themenkreis.

Spielverlauf

Geruchsmarathon
Die zu „erriechenden" Zutaten werden jeweils vor Beginn des Spiels mit einem Tuch verdeckt. Die Freiwilligen bekommen nacheinander die Augenbinde angelegt. Dann heißt es: Riechen!

Folgende Gerüche sind zu erraten
- Gewürze: Curry, Muskat, Paprika und Pfeffer;
- Brötchen: Wasser-, Mohn-, Kümmel-, Sesambrötchen;
- Käse: Kräuter, Schimmel, Gouda, Frischkäse;
- Nüsse: Mandeln, Erdnüsse, Haselnüsse, Paranüsse …

KlassenSpiele: Wahrnehmung und Konzentration (Grundschule) © 2013. Kallmeyer in Verbindung mit Klett

Früchtchen

Wenn Sie Geschmacksproben mit Obst und Ähnlichem durchführen, sollten die Früchte immer ganz klein geschnitten werden. Wieder werden die Früchte zugedeckt, bis die Freiwilligen eine Augenbinde tragen. Dann versuchen die Schüler, durch „Schnüffeln" herauszufinden, welche Obstsorten ihnen unter die Nase gehalten werden.

Bereiten Sie für eine „Frucht-Duft-Aktion" Folgendes vor

- einen Teller mit verschiedenen Früchten (Apfelsine, Mandarine, Zitrone, Banane, Kiwi, Ananas, Pfirsich, Apfel, Birne, Kirsche, Pflaume);
- verschiedene Fruchtjoghurts (Erdbeer-, Himbeer-, Kirsch-, Pfirsich-, Aprikosen- und Ananasgeschmack);
- verschiedene Marmeladen …

Differenzierung „Spaziergänge"

Natürlich kann man auch Nicht-Essbares über den Geruchssinn erfahren, z. B. bei verschiedenen Spaziergängen, deren unterschiedliche „Begleitdüfte" man danach in der Klasse besprechen kann. Es wäre wünschenswert, dass die erwachsene Begleitperson diese Spaziergänge vorher erkundet.

Der Naturspaziergang

Die ganze Klasse geht spazieren, über eine Wiese, durch den Wald, an einem Bach entlang …
Da gibt es viele Geruchsquellen zu entdecken: Gras, Laub, Pilze, frisch gefällte Stämme, die Erde, Moos, Sträucher, Pflanzen und Blumen, im Herbst Bucheckern und Eicheln …
Auch im Dorf warten vielfache Gerüche, vielleicht nicht immer die angenehmsten. Doch wodurch wurden sie verursacht?
Zwei Schüler können einen dritten, dem die Augen verbunden sind, zu bestimmten Geruchsquellen führen, ganz vorsichtig.

Der Stadtspaziergang

Diesmal geht die Klasse durch die Stadt spazieren. Hierbei wäre mehr als eine Begleitperson wünschenswert. Nach was riecht es in den Straßen? Nach Abgasen? Riecht denn eine Pfütze, ein Briefkasten, ein Abfalleimer? Riecht es, wenn man an Läden vorbeikommt, an Bäckereien, Parfümerien, Einkaufszentren? Wie riecht es an Baustellen, wie riechen Zäune, riechen eigentlich Verkehrsampeln?

Sportliche Jahreszeiten

KlassenSpiele: Wahrnehmung und Konzentration (Grundschule) © 2013. Kallmeyer in Verbindung mit Klett

Ziel
Konzentration trainieren

Spieldauer
10–15 Minuten

Anzahl der Spieler
gesamte Klasse

Räumliche Bedingungen
keine

Vorbereitungsaufwand
keiner

Material
keines

Zum Spiel
Hier geht es darum, möglichst schnell bestimmte Begriffe zu vorgegebenen Themen zu erraten.

Anlass
Dieses Spiel dient in den Fächern Sport und Deutsch als kleine Auflockerung zwischendurch.

Spielverlauf

Grundspiel (für die jüngeren Schüler)
Sie lesen Ihren Schülern die folgenden Abschnitte vor, die alle etwas mit den vier Jahreszeiten zu tun haben, und zwar immer einen Satz und nach einer kurzen Pause den nächsten. Dabei betonen Sie die fett gesetzten Wörter. Die Schüler raten, welcher Begriff hier beschrieben wird. Dabei kann ruhig durcheinander gerufen werden.

Es ist eine **Jahreszeit** … Es beginnt zu **blühen** … Es wird **wärmer** … Es kommt nach dem **Winter**.   (Frühling)
Es ist **kalt** … Es **friert** … Es kann **schneien** … Es ist früher **dunkel**.   (Winter)

Es ist **warm** … Die **Sonne** scheint oft … Wir haben **Ferien** … Man kann draußen **schwimmen**. (Sommer)

Es ist am **Wasser** … Es ist **sandig** … Es gibt **Körbe** … Kinder bauen Burgen. (Strand)

Es macht Spaß … Es ist im **Wasser** … Man muss es lernen … Es ist **Bewegung**. (Schwimmen)

Es wird **geerntet** … Es fallen **Blätter** … Es ist **stürmisch** … Es ist noch nicht **Winter**. (Herbst)

Es wird **gearbeitet** … auf **Feldern** … Es gibt **Früchte** und **Korn** … Es gibt ein **Dankfest**. (Ernte)

Es passiert im **Winter** … Es ist **kalt** … Es **fällt** … Es ist **weiß**. (Schnee)

Es befindet sich an **Pflanzen** … Es **geht auf** … Es wird **bunt** … Es **duftet**. (Blüten)

Differenzierung (für die älteren Schüler)

Sie lesen Ihren Schülern die folgenden Abschnitte vor, die alle etwas mit Sport zu tun haben, und zwar immer einen Satz und nach einer kurzen Pause den nächsten. Dabei betonen Sie die fett gesetzten Wörter. Die Schüler raten, um welchen Begriff es sich handelt. Dabei kann ruhig durcheinander gerufen werden.

Es steht vor dem Erfolg … braucht **Anleitung** … ist das **Üben** … braucht einen **Trainer**. (Training)

Es ist ein **Gerät** … und wird **aufgeblasen** … **rollt** … wird gestoßen, **geschossen**, geschlagen … muss im **Tor** landen. (Ball)

Es ist ein **Gerät** … du hast es in der **Hand** … soll den **Ball** treffen … **zerbricht** manchmal … wird vor Wut **weggeworfen**. (Schläger)

Es ist für alle **gleich** … ist ein **Zeichen** … ist das, worauf alle **warten** … ist der **Beginn** … wird oft durch **Schüsse** angezeigt. (Start)

Es besteht aus **mehreren** … hält **zusammen** … trägt das gleiche **Trikot** … ist ein **Team** … können **Männer**, **Frauen** und **Kinder** sein. (Mannschaft)

Es wird am **Ende** entschieden … wird **gefeiert** … wird **belohnt** … ist das **Wichtigste**, auf das alle hinarbeiten … das **Größte**. (Sieg)

Es ist eine **Belohnung** … ist aus **Edelmetall** … wird **dreifach** verteilt … gibt's bei **Olympiaden** … gibt's bei der **Siegerehrung**. (Medaille)

Es ist **farbig** … meistens **zweiteilig** … besteht aus **Hemd** und **Hose** … zeigt die **Zugehörigkeit** … ist bei Fans heiß **begehrt**. (Trikot)

Es ist meistens **einer** … **entscheidet** … verhängt **Strafen** … **pfeift** … ist **unparteiisch**. (Schiedsrichter)

Es ist ein **Ort** … hat viele **Plätze** … hat **Ränge** … ist **groß** … ist die **Austragungsstätte**. (Stadion)

Malhand

Ziel
Konzentration und Wahrnehmung fördern

Spieldauer
10 Minuten und mehr

Anzahl der Spieler
gesamte Klasse; Gruppen mit 3 Schülern

Räumliche Bedingungen
keine

Vorbereitungsaufwand
mittel

Material
Kopien (Umrisszeichnungen, einfache Bilder), Papier, Buntstifte, Klebestreifen, Kreide (2 Farben), Augenbinde

Zum Spiel
In diesem Spiel zeichnen die Schüler „blind", also mit geschlossenen Augen oder Augenbinde, vorgegebene Figuren.

Anlass
Nicht nur im Kunst-, sondern auch im Deutschunterricht hilft dieses Spiel, sich auf die Aufgabe und die Mitschüler zu konzentrieren.

Spielverlauf

Blinde Maler
Verschiedene Freiwillige malen nacheinander mit verbundenen Augen auf der Tafel vorgegebene Figuren. Bei den Jüngeren malt der Erste etwa einen Ball, der nächste eine Sonne, dann einen Stern, ein Dreieck, ein Quadrat usw.
Bei den Älteren können es ruhig etwas schwierigere Aufgaben sein. Nach dem Malen darf jeder sein Werk bewundern und bekommt Beifall – oder es ist ein wenig schief gegangen.

KlassenSpiele: Wahrnehmung und Konzentration (Grundschule) © 2013. Kallmeyer in Verbindung mit Klett

Variante 1

Die Umrisse einer Figur (Clown, Tier …) werden auf die Tafel gemalt und anschließend einem Freiwilligen, nachdem er sich diese Figur ganz genau angeschaut hat, die Augen verbunden. Nun soll er diese Figur komplett mit Kreide in einer anderen Farbe ausfüllen. Natürlich wird danach auch dieses Werk gelobt!

Variante 2

Alle Schüler malen den Umriss ihrer Hand auf ein Blatt. Diese Blätter werden eingesammelt und an die Wand geklebt. Nun soll jeder die eigene Hand finden. Glaubt jemand, sie gefunden zu haben, legt er seine Hand auf das Blatt und prüft, ob das stimmt.

Differenzierung

Dies ist ein Spiel für drei Freiwillige. Schüler A hat die Augen verbunden, sitzt an einem Tisch und hat vor sich auf dem Tisch ein Blatt und einen Stift. Schüler B flüstert Schüler C einen Begriff ins Ohr. C gibt nun A Anweisungen, wie er zu malen hat, z. B.: „Rechts – stopp – links – hoch – langsam – runter – vorsichtig! …" Ist das Werk fertig, darf der Maler die Binde abnehmen und sein Bild betrachten. Hat es Ähnlichkeit mit dem zu malenden Begriff?

Variante 3

Ein Freiwilliger kommt nach vorne, setzt sich an das Pult und bekommt vom Lehrer eine der vorbereiteten Kopien. Diese beschreibt er nun so gut wie möglich. Die anderen Schüler sitzen auf ihren Plätzen und malen das Bild nach dem, was sie hören, nach. Danach zeigt der beschreibende Schüler den anderen das Bild und die Schüler vergleichen, wie viel sie von dem Gehörten umgesetzt haben.

Mögliche Bildmotive können sein

1. ein Teich (für die Kleinen)
   Es ist ein Teich zu sehen, auf dem zwei Enten schwimmen. Links oben strahlt die Sonne, rechts ist eine Wiese mit einer blauen und einer roten Blume zu erkennen.

2. ein Zoo (für die Mittleren)
   Es sind Affen in ihrem Freigehege zu sehen. Der eine laust den anderen, ein dritter sitzt oben auf einem Felsen und frisst eine Banane.

3. eine Straßenkreuzung (für ältere Schüler)
   Es ist eine Kreuzung zu sehen. Vor einer Ampel warten drei Autos. Ein Radfahrer überquert die Kreuzung, weil seine Ampel grün zeigt. Ein Fußgänger kommt von der anderen Seite.

Knobeln

Ziel
Kopfrechnen, Konzentration und Einschätzungsvermögen fördern und trainieren

Spieldauer und Zeitpunkt
variabel

Anzahl der Spieler
jeweils 6 Schüler um 1 Tisch

Räumliche Bedingungen
keine

Vorbereitungsaufwand
wenige Minuten

Material
Spiel-Chips

Zum Spiel
In diesem Spiel geht es darum, im Kopf möglichst schnell Summen zu errechnen.

Anlass
Ein Klassiker für den Rechenunterricht!

Spielverlauf

Grundspiel (für jüngere Schüler)
Immer fünf Schüler sitzen zusammen am Tisch. Jeder bekommt drei Spiel-Chips. Danach gibt jeder Spieler versteckt null bis drei Chips in seine rechte Hand. Auf das Kommando eines Schülers öffnen alle ihre Hand mit den Chips. Wer nun als Erster die korrekte Anzahl der Spiel-Chips in den fünf Händen sagt, darf einen Chip weglegen und das Spiel geht weiter.
Wer als Erster keine Spiel-Chips mehr hat, ist Sieger.

Grundspiel (für etwas ältere Schüler)
Jeweils sechs Schüler sitzen an einem Tisch. Jeder bekommt drei Spiel-Chips. Ohne dass die Mitspieler dies sehen, legt nun jeder null bis drei Chips in eine Hand

KlassenSpiele: Wahrnehmung und Konzentration (Grundschule) © 2013. Kallmeyer in Verbindung mit Klett

und ballt diese zur Faust. Die geschlossene Faust wird mitten auf den Tisch gelegt, die andere Hand bleibt ebenfalls geschlossen.

Jetzt nennt jeder Schüler (der jüngste zuerst) eine Zahl. Und zwar schätzt er, wie viele Spiel-Chips sich nun insgesamt in allen sechs Händen befinden. Hat jeder seine Schätzung abgegeben, werden die Fäuste geöffnet und die Chips gezählt: Es können also null (wenn keiner einen Chip in der Faust hat) bis maximal 18 Chips sein (wenn alle ihre drei Chips in den Fäusten haben).

Wer mit seiner Schätzung exakt richtig liegt, darf einen Spiel-Chip weglegen. Dann startet die nächste Runde. Wieder Chips in die Faust, wieder die Faust geschlossen in die Mitte. Nun rät der Spieler links neben dem jüngsten zuerst.

Wer als Erster keine Spiel-Chips mehr hat, ist Sieger.

Tipp

Die Schüler sollten darauf aufmerksam gemacht werden, dass die Anzahl der Chips, die in den Fäusten versteckt werden, abnimmt!

Differenzierung

Wenn die zur Verfügung stehende Zeit ein längeres Spiel nicht erlaubt, spielen nur jeweils vier Schüler an einem Tisch.

Variante 1 (für jüngere Spieler)

Es spielen jeweils fünf Schüler miteinander. Ein Spieler hat keine Spiel-Chips, sondern seine Aufgabe ist es herausfinden, wie viele Chips die anderen jeweils verdeckt in ihrer Hand halten. Das müssen die anderen Spieler ihm jeweils durch ihre Mimik (Zwinkern, Mundbewegungen oder Ähnliches) mitteilen. Wenn dieser Spieler der Ansicht ist, die jeweilige Anzahl der Chips aller Mitspieler zu kennen, unterbricht er das Spiel und sagt nun reihum jedem Schüler, wie viele Spiel-Chips dieser in seiner Hand hält. Der betreffende Spieler öffnet seine Hand und es wird überprüft, ob die genannte Zahl richtig ist. Danach wird wieder ein Chip aus dem Spiel genommen. Anstatt die Anzahl der Chips eines jeden Mitspielers zu ermitteln, kann in einer zweiten Runde auch die Gesamtzahl aller im Spiel befindlichen Spiel-Chips gesucht werden.

Variante 2 (für ältere Schüler)

Das Spiel verläuft wie oben beschrieben. Nun aber legt derjenige, der die richtige Anzahl von Spiel-Chips vorausgesagt hat, nicht einen Chip zur Seite, sondern in die Mitte. Ab dann zählen die Spiel-Chips in der Mitte immer mit. Haben die Schüler also acht Chips in den Händen und in der Mitte liegen drei, dann ist das richtige Ergebnis: elf Chips.

Schuhladen

Ziel
Wahrnehmung fördern

Spieldauer
15 Minuten oder auch mehr

Anzahl der Spieler
gesamte Klasse; eventuell in Gruppen

Räumliche Bedingungen
keine;
auch draußen spielbar

Vorbereitungsaufwand
wenige Minuten

Material
Zettel mit Zahlen von 1 bis zur maximalen Gruppenstärke; Augenbinde, Zeitungs- oder Packpapier

Zum Spiel
Die Schüler sollen mit geschlossenen Augen ihre eigenen Kleidungsstücke in einem großen Haufen ähnlicher Kleidung finden.

Anlass
Am besten in der letzten Viertelstunde des Unterrichts oder in der letzten Stunde vor den Ferien zu spielen.

Spielverlauf
Jeder Schüler zieht einen Zettel mit einer Zahl und weiß so, wann er an der Reihe ist. Dann erklären Sie Ihren Schülern, dass es in diesem Spiel um die eigenen Schuhe geht.

Danach zieht jeder Schüler einen Schuh aus. Diese Schuhe werden vorne in einer Reihe nebeneinander aufgestellt. Um es leichter zu machen, können sie auch der Größe nach sortiert werden.

Der Schüler mit der Zahl 1 bekommt die Augen verbunden und hat die Aufgabe, in der gesamten Schuhreihe seinen eigenen Schuh wiederzufinden. Dazu darf er sich einen Partner wünschen. Der kann sehen, geht mit ihm nach vorne und stellt sich mit ihm hinter die Schuhreihe.

KlassenSpiele: Wahrnehmung und Konzentration (Grundschule) © 2013. Kallmeyer in Verbindung mit Klett

Auf diese Weise kann die restliche Klasse beobachten, was geschieht.

Der Partner stellt nun eine Frage zum Schuh des Schülers. Das kann zum Beispiel die Frage nach der Farbe oder dem Material sein. Beantwortet der Spieler mit der Augenbinde die Frage nach der Farbe z. B. mit: „Rot", so führt ihn der Partner zu einem entsprechenden Schuh und lässt ihn diesen ertasten.

Ist es sein Schuh, hat er die Aufgabe erledigt. Sonst geht es weiter zum nächsten roten Schuh oder der Partner stellt die nächste Frage usw., bis der richtige Schuh gefunden ist.

Dann ist das nächste Pärchen an der Reihe.

Variante 1

Die Schuhe stehen in einer Reihe. Ein Freiwilliger mit verbundenen Augen sucht seinen Schuh. Dabei hilft ihm die gesamte Klasse, indem sie ihn mit „kalt" und „heiß" führt. Diese Hilfe ist ja möglich, weil der „Blinde" seinen anderen Schuh noch am Fuß hat.

Variante 2 (für die älteren Schüler)

Nun bilden die Schuhe vorne im Klassenraum einen wüsten Haufen, in dem ein Freiwilliger mit Augenbinde nach seinem Schuh tastet. Wenn er Hilfe haben möchte, hebt er einen Schuh hoch und fragt: „Ist das meiner?"

Die Klasse antwortet, weil sie ja seinen anderen Schuh sieht. So wird er irgendwann fündig.

Dann ist der nächste Schüler an der Reihe.

Differenzierung

Die Startzahlen können auch so verteilt werden, dass die Schüler, denen die Aufgabe leichter fällt (weil sie ein gutes Gedächtnis haben oder auffallende Schuhe, die leichter wiederzuerkennen sind), niedrige Startzahlen bekommen.

Variante 3

Im Winter können auch Handschuhe und Mützen Gegenstand der Suche sein. Dann sollte allerdings vorher Zeitungs- oder Packpapier auf den Boden gelegt werden, damit nichts schmutzig wird.

Hängen die Jacken und Mäntel an Haken im Klassenzimmer, kann das Spiel auch dorthin verlagert werden.

Märchenhaft

Ziel
Konzentration fördern

Spieldauer
jeweils 5–10 Minuten

Anzahl der Spieler
gesamte Klasse oder kleinere Gruppen

Räumliche Bedingungen
keine

Vorbereitungsaufwand
gering

Material
für die Variante: Blätter mit jeweils einem der hier abgedruckten Märchenrätsel

Zum Spiel
Hier geht es darum, anhand eines umschreibenden Textes ein Märchen zu erkennen.

Anlass
Ein lustiges Spiel für die letzte Viertelstunde im Deutschunterricht oder auch mal für eine Vertretungsstunde.

Spielverlauf
Sie lesen eines der folgenden Rätsel vor, ohne dabei aber den Namen des darin versteckten Märchens zu nennen. Die Schüler versuchen, den richtigen Märchennamen herauszufinden. Wer zuerst das richtige Märchen nennt, bekommt einen Punkt auf die Stirn. Lassen Sie Ihre Schüler dann das Märchen noch kurz in ihren eigenen Worten erzählen.

1. Die Bremer Stadtmusikanten
Ein paar Tiere treffen sich. Sie setzen ihren Weg gemeinsam fort. Zu ihnen gehört ein Esel. Mit ihren Stimmen vertreiben sie Räuber. Dann besuchen sie eine große Stadt. Dort stehen sie noch immer.

KlassenSpiele: Wahrnehmung und Konzentration (Grundschule) © 2013. Kallmeyer in Verbindung mit Klett

2. Rotkäppchen

Das Kind trägt eine Mütze und hat eine Oma. Ein böses Tier will der Großmutter etwas tun. Das geht schief und wird mit dicken Wackersteinen bestraft.

3. Schneewittchen

Ein Mädchen bekam einen rotbackigen Apfel geschenkt. Der tat ihm gar nicht gut und daher fand sich das Mädchen bald in einem gläsernen Behälter wieder. Dort verbrachte es eine sehr lange Zeit. Aber ein Diener stolperte und alles war wieder gut.

4. Hänsel und Gretel

Zwei Kinder haben Hunger und suchen im Wald nach etwas zu essen. Sie finden viele Süßigkeiten, werden dabei aber beobachtet und eingesperrt. Es gelingt ihnen zu fliehen.

5. Aschenputtel

Sie hatte zwei böse Schwestern. Die wollten sie nicht zum Tanz auf das Schloss gehen lassen. Sie sollte lieber in der Küche arbeiten. Aber sie ging doch tanzen und der Königssohn verliebte sich in sie.

6. Der Hase und der Igel

Zwei Tiere wollen herausfinden, welches von ihnen schneller laufen kann. Das eine hat lange, das andere ganz kurze Beine. Und trotzdem hat das mit den kurzen Beinen durch einen Trick gewonnen.

7. Der Wolf und die sieben Geißlein

Es war einmal ein Tier, das hatte ganz viel Hunger. Die Tierchen, die es fressen wollte, waren vorsichtig. Und doch hat das große Tier sie überlistet, und zwar mit Kreide und Mehl.

8. Rumpelstilzchen

Es ist ziemlich schwer, aus Stroh Gold zu machen. Einem schönen Mädchen hat dabei ein Männlein geholfen, wollte aber eine Belohnung. Die bekam es nicht und zerriss sich vor Wut.

Variante

Die Schüler sitzen in Viergruppen zusammen. Jede Gruppe bekommt einen Zettel mit einem anderen Märchenrätsel, natürlich jeweils ohne den Titel (siehe Download-Material). Sie versucht nun, das Märchen so schnell wie möglich herauszufinden.

Sind alle Gruppen fertig, kommt ein Schüler der schnellsten Gruppe an die Tafel und malt etwas Passendes zu dem Märchen seiner Gruppe. Die anderen Gruppen sollen nun herausfinden, um welches Märchen es sich handelt. Danach geht der nächste Maler an die Tafel.

Kim

KlassenSpiele: Wahrnehmung und Konzentration (Grundschule) © 2013, Kallmeyer in Verbindung mit Klett

Ziel
Konzentration und Wahrnehmung fördern

Spieldauer
10 Minuten in Gruppen, 20–30 Minuten bei schriftlichem Beschreiben (ab 3. Klasse)

Anzahl der Spieler
beliebig, am besten in Gruppen von jeweils 6 Schülern

Räumliche Bedingungen
keine

Vorbereitungsaufwand
vorher etwas Zeit zum Sammeln der Dinge, in der Klasse wenige Minuten

Material
rundes Tablett, Tuch, 10–12 Steine o. Ä. in der entsprechenden Größe; für die Variante: 1 Blatt und 1 Stift / Schüler, Lösungsbogen

Zum Spiel
In diesem Spiel geht es darum, sich eine vorgegebene Anzahl von Dingen gut einzuprägen und diese anschließend aufzuzählen und zu beschreiben.
Zur Einstimmung kann die Geschichte von Kim (siehe Rückseite der Karte) vorgelesen werden.

Anlass
Kim-Spiele entwickeln die Wahrnehmung und können in jeder schulischen Situation eingesetzt werden.

Spielverlauf
Die gesammelten Gegenstände werden auf einem Tablett angeordnet, das mit einem Tuch bedeckt ist. Bitten Sie Ihre Schüler, zu dem Tisch mit dem Tablett zu kommen. Sind alle da, wird das Tuch weggenommen. Die Schüler versuchen, sich die Dinge auf dem Tablett so gut wie möglich zu merken, was dort liegt, welche Form und welche Farbe es hat, ob Dinge mehrfach vorkommen usw. Dann wird das Tablett wieder zugedeckt. Ein Freiwilliger beschreibt, was er alles auf dem Tablett gesehen hat, und soll dabei Anzahl, Farben und Formen sowie andere Merkmale so genau wie möglich formu-

lieren. Die anderen ergänzen, bis keiner mehr etwas hinzuzufügen hat. Dann wird das Tablett aufgedeckt und alle überprüfen gemeinsam, was sie richtig wahrgenommen haben.

Gegenstände für das Tablett

- Steine;
- Kugeln aus Glas, Ton und Metall;
- Bälle;
- Gegenstände aus dem Klassenraum;
- Gegenstände zu den Jahreszeiten.

Variante (schriftliche Liste)

Jeder schreibt auf, was er gesehen hat. Sind alle fertig, darf ein Schüler seine Liste vorlesen, die anderen stimmen zu, ergänzen oder korrigieren. Zum Schluss wird das Tablett aufgedeckt und nachgeschaut.

Differenzierung

Vor einem zweiten Spieldurchlauf verständigen sich die Spieler, auf welche Merkmale sie sich konzentrieren wollen, und legen dafür eine Tabelle an. Jede richtige Beschreibung wird in die entsprechende Spalte der Tabelle übertragen und am Schluss zählen die Spieler alle Punkte zusammen. (Diesen Lösungsbogen finden Sie im Download-Material.)

Beispieltabelle

Gegenstand	Farbe	Größe	Besonderheiten	Lage des Gegenstands
Kieselstein	rot	klein	mit Streifen	liegt rechts oben

Die Geschichte von Kim

Der englische Schriftsteller Rudyard Kipling (1865–1936) wurde in Bombay / Indien geboren. Seine beiden berühmtesten Bücher sind „Dschungelbuch" und „Kim". In „Kim" wächst der elternlose Kimball in Indien als Straßenjunge auf. Als Dreizehnjähriger bereist er mit seinem buddhistischen Lehrmeister die heiligen Stätten. Zu Kims Lehren gehören auch Tage des Lernens bei Mister Lurgan, einem Händler. Bei diesem wohnt ein zehnjähriger Hinduknabe, der auf Kim eifersüchtig ist. Mister Lurgan dämpft Kims Überheblichkeit und die Eifersucht des Knaben, indem er die beiden das oben Beschriebene spielen lässt. Der Hinduknabe gewinnt jedes Spiel und Kim beginnt nachzudenken.

Ordnen

Ziel
Gemeinsamkeiten und Ungleichheiten erkennen, Reaktionsfähigkeit fördern

Spieldauer
jeweils 10–15 Minuten

Anzahl der Spieler
gesamte Klasse

Räumliche Bedingungen
keine;
auch draußen spielbar

Vorbereitungsaufwand
keiner

Material
Augenbinde

Zum Spiel
Die Schüler ordnen sich nach immer wieder unterschiedlichen Kriterien. Diese Spiele können gut zur Einteilung von Gruppen genutzt werden.

Anlass
Dinge zu ordnen macht auch Kleinen Spaß. Diese Spiele können als kurzes Intermezzo im Unterricht, gut auch in Klassenlehrerstunden, eingesetzt werden.

Spielverlauf
Die Schüler stehen auf. Sie sollen eine Reihe bilden. Dabei beginnt diese Reihe mit dem kleinsten Schüler und setzt sich bis zum größten fort. Bei dieser Reihung dürfen alle miteinander reden und sich helfen.

Weitere Reihungsmöglichkeiten
- Geburtstage;
- Schuhgrößen;
- Länge der verschiedenen Wege zur Schule;
- Anzahl der Knöpfe an der Kleidung.

KlassenSpiele: Wahrnehmung und Konzentration (Grundschule)   © 2013. Kallmeyer in Verbindung mit Klett

Variante 1

Jetzt geht es nicht um eine Reihung, sondern es werden Gruppen gebildet:

1. farbig

Die Schüler ordnen sich nach den Farben ihrer Oberbekleidung, des Hemdes, der Bluse, des T-Shirts. Dabei rufen sie immer „ihre" Farbe in den Raum. So finden sich „die Blauen", „die Grünen" etc. zusammen. Natürlich kann sich die Suche genauso um die Farben der Hosen, der Schuhe oder um die verschiedenen Augenfarben drehen.

Dabei können bestimmte Farben den vier Ecken des Raumes zugeordnet werden, wo sich die jeweiligen Farbenträger treffen.

2. haarig

Die Schüler finden sich nach ihrer Haarfarbe zusammen. Spaß macht auch das Ordnen nach der Länge der Haare. Mädchen mit Kopftuch bilden ebenfalls eine Gruppe.

3. alt

Jetzt ist das Alter der Schüler gefragt. So finden sich alle 7-Jährigen in einer Ecke zusammen, die 8-Jährigen in einer anderen usw.

Variante 2

Hier geht es darum, mehr voneinander zu erfahren. Wer von den Mitschülern hat Geschwister und wie viele? Wo gibt es ein Baby in der Familie? Wer hat eine Oma oder einen Opa? Gibt es auch Mitschüler, die mit ihren Großeltern zusammenleben?

Wer ist in einem Verein? Dabei können sich in einer Ecke Sportler treffen, in einer anderen Musikanten und in der dritten Ecke vielleicht der Nachwuchs der Freiwilligen Feuerwehr oder des Schützenvereins.

Musiker können sich nach dem von ihnen gespielten Musikinstrument ordnen, die stolzen Besitzer von Haustieren nach Pfoten, Fell und Schnabel.

Variante 3

Die Schüler finden sich in drei Gruppen zusammen. Einem Freiwilligen aus der ersten Gruppe werden die Augen verbunden und seine Gruppe stellt sich irgendwo in der Klasse zusammen. Der Freiwillige ordnet nun die Mitglieder der Gruppe nach ihrer Körpergröße in einer auf- oder absteigenden Reihe. Die anderen Gruppen schauen zu. Ist die Aufgabe gelöst, kommt die nächste Gruppe an die Reihe.

Wird auf dem Schulhof gespielt, kann auch eine einzige, nach der Körpergröße geordnete Reihe gebildet werden.

Safari

31

Ziel
Konzentration, Kreativität und Erinnerungsvermögen trainieren

Spieldauer
10 Minuten

Anzahl der Spieler
2–4 Gruppen

Räumliche Bedingungen
keine

Vorbereitungsaufwand
keiner

Material
keines

Zum Spiel
Bei dieser tierischen Variante des Spiels „Ich packe meinen Koffer" muss der jeweils genannte Begriff für die höheren Klassen durch passende Hinzufügungen von Eigenschaften oder Tätigkeiten ergänzt werden.

Anlass
Wenn Ihre Schüler sich nicht gut konzentrieren können, kann dieses spielerische Gedächtnistraining für eine kurze Zeit den schulischen Alltag unterbrechen.

Spielverlauf

Grundspiel (für jüngere Schüler)
Die Schüler nennen ihre Namen und stellen sich dem Alphabet folgend im Kreis auf.
Der erste Schüler beginnt und sagt: „Ich habe auf der Safari einen Löwen getroffen." Nun nennt der zweite Schüler das Tier des ersten und fügt ein weiteres hinzu. Er sagt also: „Ich habe auf der Safari einen Löwen und eine Giraffe getroffen."
So fügt jeder Schüler der Kette von Tiernamen einen weiteren hinzu, nachdem er die bereits genannten auf-

KlassenSpiele: Wahrnehmung und Konzentration (Grundschule) © 2013. Kallmeyer in Verbindung mit Klett

gezählt hat. Vergisst ein Schüler ein Tier, dürfen die anderen ihm helfen. Vergisst er zwei Tiere, ist die Runde zu Ende und der nächste Spieler beginnt wieder mit einem neuen Tiernamen.

Variante 1 (für ältere Schüler)

Für die Älteren gibt es diese etwas schwierigere Variante: Der erste Schüler nennt ein Tier und eine dazu passende Eigenschaft bzw. Tätigkeit, z. B.: „Auf der Safari traf ich einen Löwen, der brüllte."

Der Zweite muss nun dieses und ein weiteres Tier nennen, dabei soll er dazu passend wiederum eine Eigenschaft oder Tätigkeit nennen. Er sagt also: „Ich habe auf der Safari einen Löwen getroffen, der brüllte, und eine Giraffe mit einem ganz langen Hals."

Nun ist der Dritte an der Reihe, nennt die beiden vorher genannten Tiere mit ihren Eigenschaften und fügt ein weiteres Tier plus Eigenschaft hinzu. So geht es immer weiter.

In den Klassen 3 und 4 darf geholfen werden.

Tipp

Wer sich in den Klassen 5 und 6 vertut, setzt sich hin und es geht ohne ihn weiter. Hier wird also um den Sieg gespielt.

Variante 2

Jetzt wird das Tier (samt seiner Eigenschaft) nur von seinem „Schöpfer" genannt. Die nachfolgenden Spieler nennen zuerst nur die Eigenschaft des vorhergehenden Tieres (oder der vorhergehenden Tiere). Danach fügen sie den Namen eines eigenen Tiers samt Eigenschaft hinzu.

Bei dem Beispiel von Variante 1 würde der zweite Spieler also sagen: „Ich habe auf der Safari einen getroffen, der brüllte, und eine Giraffe mit so einem langen Hals." Der dritte würde sagen: „Ich habe auf der Safari einen getroffen, der brüllte, und eine mit so einem langen Hals und ein Krokodil, das dauernd zuschnappte."

Variante 3

Hier wird überhaupt kein Tiername mehr genannt, sondern nur noch pantomimisch eine Bewegung gemacht, die dem betreffenden Tier zugeordnet werden kann. Also sagt ein Schüler z. B.: „Ich habe auf der Safari ein Tier getroffen und jetzt zeige ich euch, wie es sich verhalten hat." Er schlägt sich an die Brust, weil er einen Affen imitiert. Der zweite Schüler übernimmt diese Darstellung und fügt eine weitere hinzu. So geht es im Kreis herum, bis alle einmal dran waren.

30 Sekunden

32

Ziel
Zeitempfinden und Zeiteinschätzung fördern

Spieldauer
30 Minuten

Anzahl der Spieler
gesamte Klasse

Räumliche Bedingungen
keine;
auch draußen spielbar

Vorbereitungsaufwand
keiner

Material
Liste mit den Schülernamen, Stoppuhr

Zum Spiel
Hier geht es darum, Zeit bewusster wahrzunehmen und zu registrieren, dass wir sie unterschiedlich empfinden, je nachdem, ob wir mit etwas beschäftigt sind oder nicht.

Anlass
Sind falsche Zeiteinschätzung und Unpünktlichkeit ein Thema in einer Klasse, ist dieses Spiel eine gute Übung.

Spielverlauf
Sie haben eine Liste mit den Namen aller Schüler der Klasse und rufen nun den ersten auf der Liste auf.
Er stellt sich neben seinen Stuhl. Sie erklären ihm, dass Sie anschließend das Kommando „Jetzt!" geben und gleichzeitig die Stoppuhr einschalten werden und Sie bitten ihn, sich wieder hinzusetzen, sobald er meint, dass nach dem Kommando 30 Sekunden verstrichen sind. In diesem Moment werden Sie die Uhr stoppen und seine Zeit überprüfen.
In der Liste wird neben seinem Namen die Zeitabweichung eingetragen. Hat er sich drei Sekunden zu früh gesetzt, steht in der Liste also „–3", war er fünf Sekun-

KlassenSpiele: Wahrnehmung und Konzentration (Grundschule)   © 2013. Kallmeyer in Verbindung mit Klett

den zu langsam, „+5". Die Abweichung wird nicht laut genannt, sondern nur in der Liste eingetragen. So hält die Spannung.

Dann ist der nächste Schüler an der Reihe, steht auf und soll 30 Sekunden abschätzen. Wenn alle Schüler einmal mitgemacht haben und die Ergebnisse feststehen, werden diese vorgelesen und die Schüler mit den besten Schätzwerten gelobt.

Variante 1

Der erste Schüler soll eine Sekunde aufstehen und sich dann wieder setzen, der nächste zwei Sekunden, und so weiter. Notieren Sie die Abweichungen.

Variante 2

Die Schüler machen vorgegebene Bewegungen oder Gesten:

- auf einem Bein stehen;
- einen Arm ausstrecken;
- den Arm ausstrecken und dabei etwas in der Hand halten, z. B. ein Federmäppchen (bei schwereren Gegenständen nur ca. 20 Sekunden halten);
- die Hände vor die Augen halten;
- unbeweglich auf dem eigenen Platz sitzen (ca. 1 Minute).

Natürlich läuft die Stoppuhr wieder.

Variante 3

Jeweils zwei Schüler stehen sich gegenüber. Sie schauen sich eine Minute lang an und dürfen dabei nicht lachen. Wer trotzdem lachen muss, scheidet leider aus.

Variante 4

Jetzt wird in Gruppen zu viert oder zu fünft gespielt. Die Schüler stellen sich so in ihrer Gruppe auf, dass jeder mit seiner linken Hand das linke Handgelenk seines linken Nachbarn umfasst. So bildet sich ein Kreis. Auf ein Startkommando hin bewegen alle ihre linken Hände ein wenig auf und ab, und zwar so lange, bis sie glauben, dass 30 Sekunden verstrichen sind.

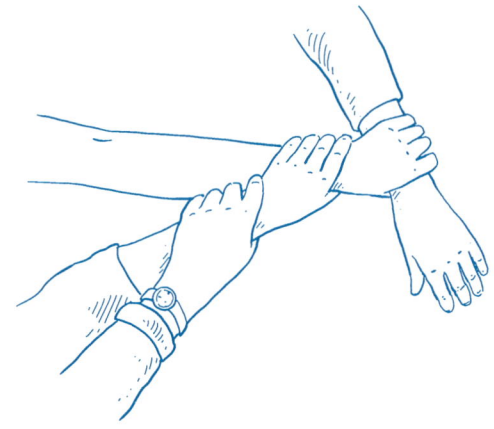

Schnipselei

33

Ziel
Wahrnehmung, Kombinationsfähigkeit und Konzentration trainieren

Spieldauer und Zeitpunkt
unterschiedlich

Anzahl der Spieler
gesamte Klasse in Gruppen

Räumliche Bedingungen
keine

Vorbereitungsaufwand
erheblich

Material
Ausdrucke von Bildern, geometrischen Formen und Sätzen, jeweils in 2, 3, 4 oder 5 Teile zerschnitten; Papier und Stifte, Scheren

Zum Spiel
Hier geht es darum, einzelne Elemente eines Ganzen wahrzunehmen und zu erkennen, wie sie sich zu einem Ganzen zusammenfügen.

Anlass
Lässt die Konzentration nach oder soll es eine „Lern-pause" geben, ist der Einsatz dieses Spieles im Kunst-, Deutsch- und Biologieunterricht sinnvoll.

Spielverlauf
Auf DIN-A4-Blättern sind die Umrisse von je einem Tier abgebildet. Die Blätter werden in der Mitte durchge-schnitten. Jeder Schüler bekommt eine Blatthälfte und läuft damit im Klassenraum herum, auf der Suche nach der anderen Hälfte. Dabei müssen die Schüler immer wieder ihre Tierhälfte an eine andere halten, um zu sehen, ob sich dabei ein komplettes Tier ergibt.
Das Ganze ist natürlich auch mit anderen Abbildungen möglich, wie Bauten, Pflanzen etc. Es sollten jedoch immer nur Umrisse abgebildet sein.

KlassenSpiele: Wahrnehmung und Konzentration (Grundschule) © 2013. Kallmeyer in Verbindung mit Klett

Variante 1

Sie haben Fotos auf DIN-A4-Blättern ausgedruckt und in drei oder vier Teile zerschnitten. Jeder Schüler bekommt eines davon und soll die passenden anderen finden. Dazu muss das einzelne Teil wieder an die anderen angelegt und ausprobiert werden.

Die fertigen Bilder werden zusammengeklebt und aufgehängt.

Variante 2

Jetzt geht es um geometrische Figuren, Kreise, Quadrate und Dreiecke. Diese können vor Beginn des Spiels an die Tafel gemalt und besprochen werden. Kreise gibt es in fünf, Quadrate in vier und Dreiecke in drei Teilen. Jeder Schüler holt sich eines dieser Teile ab und versucht, die Partner zu finden, mit denen seine Form vollendet werden kann.

Da es jede Form mehrmals gibt, kann es passieren, dass ein Schüler eine Gruppe findet, die zwar seine Form hat, diese Form aber bereits komplett ist. Dann muss er weitersuchen.

Für die ganz Kleinen können die Formen farbig sein. Wenn sie vollständig sind, werden auch sie zusammengeklebt und aufgehängt.

Variante 3 (für die Klassen 3 und 4)

Jeweils vier Schüler malen gemeinsam ein Bild. Natürlich muss sich die Gruppe vorher über das Motiv verständigen.

Das fertige Bild wird in vier bis sechs Teile zerschnitten und dem Lehrer übergeben. Dieser mischt es mit den Puzzleteilen der anderen Gruppen. Jeder Schüler bekommt ein Teil und sucht nach den Besitzern der anderen Teile seines Puzzles.

Auch diese Puzzles werden am Ende zusammengeklebt und aufgehängt.

Variante 4 (für die Klassen 5 und 6)

Sie haben vierzeilige Gedichtstrophen quer ausgedruckt und so zerschnitten, dass jeweils eine Zeile auf einem Stück Papier erscheint. Diese Zeilen sollen zu einer Strophe zusammengefügt werden. Das Gedicht wird anschließend vorgetragen.

KlassenSpiele: Wahrnehmung und Konzentration (Grundschule) © 2013. Kallmeyer in Verbindung mit Klett

Ich Tier

34

Ziel
Wahrnehmung, Konzentration und Sprachkreativität fördern

Spieldauer
1 Schulstunde

Anzahl der Spieler
gesamte Klasse

Räumliche Bedingungen
keine

Vorbereitungsaufwand
mittel

Material
ausgedruckte Tierbilder, Klebestreifen

Zum Spiel
Hier geht es darum, Fragen zu finden, die Antworten
darauf zu verarbeiten und durch Kombination dieser
Antworten auf eine Lösung zu kommen.

Anlass
Dieses Spiel kann im Biologie-, Kunst- und Deutschunterricht eingesetzt werden.

Spielverlauf
Drucken Sie einfache Tierbilder einzeln auf DIN-A4-
Blättern aus. Wählen Sie dabei Tiere, die alle Schüler
kennen und darstellen können. Oder Sie verwenden
die Tierillustrationen aus dem Download-Material zu
diesem Buch.

Jedem Schüler wird ein Tierbild auf den Rücken geklebt, ohne dass er weiß, um welches Tier es sich dabei handelt. Nun soll jeder sein Tier herausfinden. Die
Schüler dürfen dafür jeden anderen fragen, der sich
dann das Tier auf dem Rücken des Fragenden anschaut,
aber nur jene Fragen beantwortet, auf die er mit „Ja"
oder „Nein" antworten kann.

Mögliche Fragen können sein

- Habe ich vier Beine?
- Habe ich ein Fell?
- Lebe ich auf dem Bauernhof, im Wald, unter der Erde, im Dschungel, im Wasser …?
- Werde ich gejagt?
- Habe ich Krallen, Federn, einen Schnabel?
- Fliege, laufe, schwimme ich?
- Bekomme ich Junge, lege ich Eier?
- Habe ich einen Schwanz, Flossen?
- Mache ich miau, wauwau, kikerikih, oink, mäh …?

Wer sein Tier herausgefunden hat, nimmt das Blatt mit dem Tier vom Rücken und klebt es sich auf die Brust. Nun darf er anderen Schülern helfen.

Variante 1

Auf dem Rücken jedes Schülers klebt ein Tierbild. Nun laufen alle durch den Raum und geben irgendeinen Tierlaut von sich. Schüler A zum Beispiel geht zu Schüler B und macht: „Oink oink!" Schüler B schaut A auf den Rücken. Sieht er dort das Bild eines Schweins, bestätigt er: „Oink oink." Und Schüler A hat seine Aufgabe erfüllt.
Schüttelt Schüler B aber nur den Kopf, muss Schüler A weitersuchen.

Variante 2

In diesem Spiel werden jeweils drei Bilder desselben Tieres auf die Rücken von drei Schülern geklebt. Nun muss jeder Schüler zuerst durch Fragen herausfinden, welches Tier er selbst „ist". Hat er das geschafft, läuft er durch den Raum und gibt laut das zu seinem Tier gehörende Geräusch von sich. Er versucht, die beiden anderen gleichen Tiere zu finden.
Erkennt er auf dem Rücken eines anderen Schülers, der offensichtlich noch nicht weiß, wer er ist, das gleiche Tier, begrüßt er diesen mit dem entsprechenden Geräusch, macht also z. B.: „Miau!" Das bedeutet für den begrüßten Schüler, dass er das gleiche Tier auf dem Rücken trägt. Dann suchen sie zu zweit weiter.
Die drei, die sich zuerst gefunden haben, sind die Sieger.

KlassenSpiele: Wahrnehmung und Konzentration (Grundschule) © 2013. Kallmeyer in Verbindung mit Klett

Maschinen

35

Ziel
Wahrnehmung, Konzentration und Koordination trainieren

Spieldauer
je 15 Minuten

Anzahl der Spieler
gesamte Klasse oder 2 Gruppen

Räumliche Bedingungen
freie Fläche;
auch draußen spielbar

Vorbereitungsaufwand
keiner

Material
keines

Zum Spiel
Die Schüler versuchen, bestimmte, vorgegebene Bewegungen so gut und konzentriert wie möglich zu koordinieren.

Anlass
Dieses Spiel ist besonders geeignet, wenn sich bei einzelnen Schülern Koordinationsschwierigkeiten zeigen.

Spielverlauf
Die Schüler finden sich in Dreiergruppen zusammen. Dabei sollte jede Gruppe ausreichend Abstand von der nächsten haben. Zunächst werden die drei Figuren des Spiels geübt.

Figur 1 „Der Mixer"
Dazu stellt sich der Größte der drei Spieler in die Mitte der Dreiergruppe. Er breitet seine Arme auf Schulterhöhe nach links und rechts aus und lässt die Hände offen nach unten zeigen. Die beiden anderen stellen sich unter seine Hände und drehen sich wie die Stäbe eines Mixers um sich selbst.

KlassenSpiele: Wahrnehmung und Konzentration (Grundschule) © 2013. Kallmeyer in Verbindung mit Klett

Figur 2 „Der Toaster"

Zwei Spieler der Gruppe stehen sich gegenüber und bilden mit ihren nach vorne ausgestreckten Armen den Schlitz eines Toasters. Der dritte Spieler stellt sich in diesen Schlitz und springt darin wie eine getoastete Scheibe Brot nach oben.

Figur 3 „Die Kaffeemaschine"

Ein Spieler hockt sich in die Mitte zwischen seine beiden Mitspieler. Er formt seine offenen, nach oben gerichteten Hände wie zu einer Tasse. Der zweite Spieler simuliert das Rührwerk der Kaffeemaschine, indem er mit seinen Händen über dem Kopf des hockenden Schülers Drehbewegungen macht. Der dritte Spieler streckt seinen Arm nach oben und macht eine gießende Handbewegung.

Diese Figuren werden mehrmals eingeübt. Dann beginnt das Spiel:
Sie stehen zwischen den Gruppen und geben rufend die Anweisung, welche Figur gebildet werden soll. Wechseln Sie die Figuren in einem immer schneller werdenden Rhythmus, sodass sich die Schüler sehr konzentrieren müssen. Sie können ruhig auch zweimal hintereinander die gleiche Figur aufrufen – wetten, dass beim ersten Mal niemand damit rechnet?

Variante „Das Auto"

Teilen Sie die Gruppe in drei etwa gleichgroße Untergruppen. Nun spielt jede Gruppe parallel und baut aus ihren Körpern ein Auto: Vier Schüler sind die Räder und krümmen sich auf allen Vieren so, dass ihre Körper Halbkreise bilden. Vier weitere Schüler stellen die Sitze dar, sie hocken sich jeweils zu zweit zwischen die Vorder- bzw. Hinterräder. Ist die Gruppe eher klein, können die beiden Rücksitze auch entfallen.

Ein Spieler hockt sich vor den linken Vordersitz und bildet mit seinen Armen einen Halbkreis, er ist das Lenkrad. Dann steigt der Fahrer ein, am besten jeweils der Leichteste. Er setzt sich – ganz vorsichtig – auf den Vordersitz. Nun macht er mit der rechten Hand eine Bewegung, als wolle er den Zündschlüssel herumdrehen und so das Auto starten. Wenn er jetzt noch „brumm brumm" macht, kann das Auto losfahren.

Auch diese Figur wird mehrmals geübt. Dann geben Sie das Startkommando und die Gruppen bilden ihr Auto. Welches fährt am schnellsten los?

Kreiseln

Ziel
Konzentration, Körperbeherrschung und
-wahrnehmung sowie Kreativität trainieren

Spieldauer und Zeitpunkt
15–20 Minuten

Anzahl der Spieler
gesamte Klasse in mehreren Gruppen

Räumliche Bedingungen
freie Fläche; besser in der Turnhalle oder
draußen zu spielen

Vorbereitungsaufwand
keiner

Material
für das Grundspiel: Seil

Zum Spiel
Die Spieler versuchen, sich mit verschiedenen gewalt-
losen Methoden durchzusetzen und aus unterschiedlichen Situationen zu befreien.

Anlass
Im Sportunterricht oder bei einem Aufenthalt draußen
können Schüler mit diesem Spiel üben, sich durchzusetzen und fair zu sein.

Spielverlauf
Die Schüler werden vor Beginn des Spiels darauf hinge-
wiesen, dass hierbei Fairness oberstes Gebot ist. Stoßen
oder die Hände loslassen, ist verboten!
Je sechs Schüler stehen um ein kreisförmig auf dem
Boden ausgelegtes Seil herum. Sie fassen sich bei den
Händen. Nun versucht jeder Schüler, die anderen so
zu ziehen, dass schließlich einer mit dem Fuß in den
Kreis treten muss, um nicht umzufallen. Er scheidet aus.
Danach wird der Kreis enger gezogen.
Bleiben irgendwann nur noch zwei Schüler übrig, wer-
den sie zu Siegern erklärt. Nun tritt eine neue Sechser-
Gruppe an.

KlassenSpiele: Wahrnehmung und Konzentration (Grundschule) © 2013. Kallmeyer in Verbindung mit Klett

Tipp

Soll das Spiel als Wettbewerb angelegt werden, können aus den zwei Spielern, die am Ende eines Spiels in jeder Gruppe übrig bleiben, neue Sechser-Gruppen gebildet werden. Zum Schluss treten dann die sechs Schüler gegeneinander an, die sich bei den „Vorrunden" durchgesetzt haben. Gesamtsieger sind die beiden Schüler, die am Ende übrig bleiben.

Variante 1

Ein Freiwilliger wird vor die Tür geschickt. Sechs Schüler bilden einen geschlossenen Kreis, indem sie sich bei den Händen halten. Sie denken sich einen „Schlüssel" aus, der ihre Kette öffnet und in den Kreis führt. Das kann ein Wort sein oder auch ein Geräusch.

Der Freiwillige wird wieder hereingerufen und muss nun diesen Schlüssel herausfinden. Dazu darf er Fragen stellen wie: „Ist es ein Wort?", oder: „Ist es ein Geräusch?"

Variante 2

Diese Variante braucht Platz und ist deshalb nur draußen spielbar. Alle Schüler bis auf ein oder zwei Freiwillige bilden einen großen Kreis und halten sich bei den Händen. Die Freiwilligen haben die Aufgabe, diese Kette zu durchbrechen. Dabei geht es nicht um gewaltsamen Körpereinsatz, sondern um „friedliche" Lösungen. So kann man einen Schüler in der Kette z. B. so lange kitzeln oder streicheln, bis er eine Hand loslässt und damit die Kette öffnet.

Die beiden Freiwilligen können auch zusammenarbeiten. Dabei könnte z. B. einer von ihnen einem Kettenmitglied die Augen zuhalten und der andere unbemerkt unter dessen Arm durchkriechen.

Variante 3

Ebenfalls draußen zu spielen: Die Schüler werden in zwei gleich große Gruppen aufgeteilt. Die eine Gruppe versammelt sich und einigt sich auf eine Geste, mit der ihr Kreis geöffnet wird.

Nun stellen sich die Mitglieder dieser Gruppe in einem Außenkreis und die der zweiten Gruppe in einem Innenkreis auf. Jeder Schüler eines Kreises steht einem anderen des zweiten Kreises gegenüber. Die Schüler des Innenkreises versuchen, den „Schlüssel" zum Öffnen des Außenkreises zu finden, indem sie verschiedene Gesten machen. Wer die richtige findet, darf den Kreis als Sieger verlassen. Dann ist die andere Gruppe an der Reihe.

So siehst du aus!

Ziel
Wahrnehmung, Konzentration und Sprachfähigkeit verbessern

Spieldauer und Zeitpunkt
15 Minuten

Anzahl der Spieler
gesamte Klasse

Räumliche Bedingungen
freie Fläche;
auch draußen spielbar

Vorbereitungsaufwand
keiner

Material
für Varianten 2 und 3: Papier und Stift,
Namenszettel

Zum Spiel
Die Schüler lernen spielerisch, Menschen und Gegenstände aufmerksam zu beobachten und auch Details wahrzunehmen.

Anlass
Dieses Spiel lässt sich jederzeit einsetzen, um die Konzentration der Schüler zu fördern und sie zu lehren, die Dinge um sie herum genau zu betrachten.

Spielverlauf
Alle Schüler setzen sich mit dem Gesicht zur hinteren Wand des Klassenzimmers, ein Schüler wird nach vorne gerufen. Nun sollen die anderen Kinder diesen Schüler beschreiben. Dabei dürfen sie ruhig durcheinander rufen, sich jedoch nicht nach ihm umdrehen.
Sind genügend Einzelheiten wie Größe, Haarfarbe, Kleidungsstücke etc. beschrieben worden, drehen sich die Kinder wieder um. Es wird besprochen, was alles richtig beschrieben worden ist und was nicht.
Danach drehen sich wieder alle zur Wand und die Klasse beschreibt einen weiteren Schüler. Ob sie diesen jetzt schon besser wahrgenommen hat?

KlassenSpiele: Wahrnehmung und Konzentration (Grundschule) © 2013. Kallmeyer in Verbindung mit Klett

Variante 1

Alle Schüler sitzen auf ihren Plätzen. Ein Freiwilliger geht nach vorne. Nun beschreibt er einen seiner Mitschüler, ohne dessen Namen zu nennen. Dabei sollte er natürlich nicht gleich ein entscheidendes Merkmal beschreiben, sondern mit den Kriterien beginnen, die von vielen erfüllt werden. Das beginnt dann etwa mit: „Es ist ein Mädchen." Und weiter geht es mit: „Sie hat dunkle Haare."

Ganz wichtig: Der Freiwillige sollte den Mitschüler, den er beschreibt, nicht dauernd anschauen – sonst ist die Lösung leicht gefunden!

Variante 2

Jeder Schüler hat ein Blatt Papier und einen Stift. Er beschreibt in Stichworten schriftlich einen seiner Mitschüler. Der Lehrer gibt vorher Hinweise, welche Merkmale genannt werden dürfen und welche nicht. In der Beschreibung können allgemeine Dinge Platz finden wie Größe, Haar- und Augenfarbe oder Kleidungsstücke, diese aber ohne Angabe der Farbe, sonst ist es zu einfach. Nicht genannt werden sollen Einzelheiten, die nur auf ein Kind zutreffen, wie z. B.: „Sie trägt eine blaue Brille." Die Beschreibung muss nicht mehr als etwa fünf oder sechs Details enthalten.

Haben alle ihre Beschreibung beendet, fügen sie unten, ohne dass andere es sehen, den Namen des Beschriebenen hinzu. Dann wird der erste Schüler nach vorne gerufen und liest seine Beschreibung vor. Wer als Erster den Beschriebenen erkennt und seinen Namen nennt, darf nach vorne kommen und seine Beschreibung vorlesen.

Es kann bei dieser Variante natürlich passieren, dass Schüler mehrfach beschrieben worden sind, die Wahl ist ja freigestellt.

Variante 3

Damit es nicht vorkommt, dass ein oder mehrere Schüler überhaupt nicht beschrieben sind – und sich somit zurückgesetzt fühlen –, werden jetzt alle Schüler beschrieben:

Sie haben Zettel mit den Namen der Schüler vorbereitet und legen diese in eine Mütze, ein Glas o. Ä. Nun zieht jeder Schüler einen Zettel aus einem Behältnis. Dabei kann es auch vorkommen, dass der eigene Name gezogen wird. Das macht nichts.

Nun wird beschrieben und vorgelesen wie bei den vorher dargestellten Spielvarianten auch.

Gedankenkette

Ziel
Konzentration und Assoziationsvermögen trainieren

Spieldauer
10 Minuten

Anzahl der Spieler
gesamte Klasse

Räumliche Bedingungen
keine

Vorbereitungsaufwand
keiner

Material
für die Variante: Softball

Zum Spiel
Die Schüler sprechen schnell und ohne nachzudenken ihre Assoziationen zu bestimmten Begriffen aus oder müssen nach vorgegebenen Regeln zu bestimmten Wörtern Gegensätze, Ergänzungen o. Ä. finden.

Anlass
Diese Wortkette eignet sich für den Deutschunterricht und kann auch während einer (Bus- oder Zug-)Fahrt gespielt werden.

Spielverlauf

Grundspiel
Geben Sie ein Wort vor, das dem Alter der Schüler entspricht. In den Klassen 5 und 6 kann das auch ein Schüler übernehmen. Erklären Sie, dass es in diesem Spiel nichts Falsches oder Richtiges gibt und dass nichts Dummes gesagt werden kann – damit lassen sich dann negative Kommentare bei der Nennung von Begriffen vermeiden. Die Mitspieler sprechen einfach spontan und ohne nachzudenken aus, was ihnen zu einem Begriff einfällt. Dann ist der Nächste an der Reihe.

KlassenSpiele: Wahrnehmung und Konzentration (Grundschule) © 2013. Kallmeyer in Verbindung mit Klett

Am schönsten ist dieses Spiel, wenn die Mitspieler einen Kreis bilden. Dann weiß jeder, wann er an der Reihe ist. Aber natürlich kann auch von den Sitzplätzen aus gespielt werden, dann ergibt sich die Reihenfolge aus der Anordnung der Sitze.

Variante „Gedankenball"

Im Kreis lässt sich für dieses Spiel auch gut ein Softball oder Ähnliches nutzen. Alle Spieler stehen im Kreis, ein Freiwilliger beginnt und nennt einen Begriff. Dann wirft er den Ball einem beliebigen Mitspieler zu, der nun assoziiert. Wer einen Begriff genannt und den Ball weitergespielt hat, tritt einen Schritt zurück. Dann dürfen nur noch die im Innenkreis Stehenden angespielt werden. So ist gewährleistet, dass alle zumindest einmal an der Reihe sind.

Mögliche Begriffe

Wählen Sie zum Start des Spiels Begriffe, zu denen die Altersgruppe ohne große Schwierigkeiten assoziieren kann.

1. für die Klassen 1 und 2
- Pommes (mit Sicherheit folgt „Majo" …)
- Spaghetti
- Mama

- Ball
- Ritter
- Puppe
- Eis …

2. für die Klassen 3 und 4
- Schule
- Freund
- Fahrrad
- Lego®-Stein
- Buch(stabe)
- Uhr
- Ferien …

3. für die höheren Klassen
Hier können Sie die Auswahl des Startbegriffs ruhig den Schülern überlassen.

KlassenSpiele: Wahrnehmung und Konzentration (Grundschule) © 2013. Kallmeyer in Verbindung mit Klett

Rate mal

39

Ziel
Wahrnehmung, Konzentration und malerische Umsetzung fördern

Spieldauer
je 10 Minuten

Anzahl der Spieler
gesamte Klasse

Räumliche Bedingungen
keine

Vorbereitungsaufwand
keiner

Material
Papier und Stifte

Zum Spiel
Die Spieler müssen anhand eines kurzen Textes Tiere erraten und sie anschließend malen.

Anlass
Lässt die Aufmerksamkeit nach, kann sie durch dieses Spiel jederzeit wiederhergestellt werden.

Spielverlauf
Zuerst werden Papier und Stifte verteilt. Lesen Sie einen der folgenden kurzen Texte vor. Die Schüler raten, um welches Tier es sich handelt, und malen es dann.

1.
Es lebt weit von uns entfernt, dort, wo es immer kalt ist. Es ist sehr groß, kann schnell laufen und gut schwimmen. Von Kopf bis Fuß ist es ganz weiß und hat ein weiches, zotteliges Fell. Es lebt von Fischen und ist bei uns nur im Zoo zu sehen.   (Eisbär)

2.
Klein ist es und wieselflink. Sein weiches Fell ist braun und sein buschiger Schwanz ganz lang. Es lebt im Wald

KlassenSpiele: Wahrnehmung und Konzentration (Grundschule) © 2013. Kallmeyer in Verbindung mit Klett

und klettert auf die höchsten Bäume. Seine Nahrung sind Nüsse, Eicheln und Bucheckern, deren Schale es mit Leichtigkeit knackt. (Eichhörnchen)

3.

Sie ist ganz klein, aber ziemlich schnell. Sie lebt bei uns in vielen Häusern, meist im Keller. Käse mag sie besonders gerne. Meist ist sie grau und hat einen Schwanz. Was sie ganz und gar nicht mag, das sind Katzen. (Maus)

4.

Er ist sehr groß und grau. Wenn er mit seinen riesigen vier Füßen über die Erde trampelt, wackeln die Bäume. Bei uns siehst du ihn nur im Zoo, in Afrika und Asien ist er zu Hause. Mit seinem langen Rüssel kann er gut trompeten. (Elefant)

5.

Er hat langes oder kurzes Fell und einen langen oder kurzen Schwanz. Es gibt ihn in ziemlich groß und ganz klein. Viele Menschen lieben ihn und halten ihn als Haustier. Und müssen oft mit ihm Gassi gehen.(Hund)

6.

Sie ist ganz schmal und ziemlich lang. Beine hat sie keine, deshalb muss sie kriechen. Es gibt sie ganz brav, aber auch sehr gefährlich und giftig. Sie zischt und windet sich über den Boden, man könnte auch sagen, sie schlängelt sich. (Schlange)

7.

Sie watschelt mehr, als sie geht. Sie hat einen Schnabel und Federn, ist weiß, grau oder bunt. Fliegen kann sie und schwimmen auch. Zu finden ist sie in Teichen und Seen. Menschen füttern sie gerne. (Ente)

8.

Sie hat wohl den längsten Hals der Welt, steht auf ganz langen Beinen und muss sich zum Fressen weit hinunter bücken. In Afrika kann man sie in der Wildnis bewundern, bei uns nur im Zoo. (Giraffe)

9.

Er lebt im Wasser und kommt an die Oberfläche, um Luft zu schnappen. Er hat einen meist lang gestreckten Körper, Flossen und Schuppen. Im Meer wird er gefangen, an Flüssen und Bächen geangelt. (Fisch)

Rätselhaftes

Ziel
Konzentration und Sprachvielfalt trainieren

Spieldauer
10–15 Minuten

Anzahl der Spieler
gesamte Klasse

Räumliche Bedingungen
keine

Vorbereitungsaufwand
keiner

Material
keines

Zum Spiel

Die Schüler müssen Spielregeln erkennen, um anschließend aktiv am Spiel teilnehmen zu können. Dabei sollten sie die jeweilige Regel nicht verraten.

Anlass

Dieses Spiel verlangt hohe Konzentration, es sollte daher in ruhigen Phasen eingesetzt werden.

Spielverlauf

1. Pärchen

Zwei Freiwillige verlassen den Raum, bevor die Spielregel erklärt wird. Die anderen stehen auf, bilden Pärchen und geben sich Begriffe, die sich reimen, z.B. Ball und Knall, Laus und Maus etc.
Die Freiwilligen kommen in den Raum und müssen nun so schnell wie möglich verstehen, nach welcher Regel sich die Pärchen gebildet haben und wer die Pärchen sind. Dafür klopfen sie einem Mitschüler auf die Schulter und der nennt seinen Begriff.
Sobald ein Pärchen gefunden ist, scheiden diese beiden Schüler aus und setzen sich hin.

Derjenige Freiwillige, der am Ende (wenn alle sitzen) mehr Pärchen als der andere gefunden hat und sie auch benennen kann, hat gewonnen.

2. Otto (für die Klassen 5 und 6)

Sie erklären Ihren Schülern, dass es in den Sätzen, die Sie anschließend vorlesen, ein Rätsel gibt, das mit Sprache, Wörtern und Buchstaben zu tun hat und von den Schülern gelöst werden muss. Dann tragen Sie den folgenden Text vor:

Otto mag Messer, aber keine Gabeln.
Otto liebt das Essen, aber nicht das Trinken.
Otto fährt Fahrrad und gerne auch Roller.
Otto mag Anne, aber nicht Lisa.
Otto schwimmt gerne im Meer, aber nicht im Bach.
Otto mag Koffer, aber keine Taschen.
Otto summt, singt aber nicht.
Otto spielt Gitarre, Trompete kann er nicht.
Otto mag grillen, kochen findet er nicht so gut.
Otto spielt Fußball und Tennis.
Otto liebt Motorräder, Autos aber gar nicht.
Otto mag Pommes, aber kein Ketchup.
Otto reist gerne nach Holland, aber nicht nach Belgien.
Otto mag Krawatten, aber keine Fliegen.
Otto kann Platt, aber kein Hochdeutsch.

Die Schüler raten laut, bis einer die Lösung gefunden hat. Sie lautet: Otto mag Wörter, die wie sein Name einen Doppelbuchstaben enthalten.
Wer die Lösung gefunden hat, flüstert sie Ihnen ins Ohr. Dann darf er ebenfalls Otto-Sätze erfinden.

3. Die Reise nach Alaska

Sie erklären Ihren Schülern, dass es in dem folgenden Spiel um ein Rätsel geht, das mit Sprache und Wörtern zu tun hat.
Dann weihen Sie einen Schüler in das Geheimnis ein: Es geht nämlich darum, Dinge nach Alaska mitzunehmen, die mit dem gleichen Buchstaben beginnen wie der Name des Spielers, der etwas mitnehmen will.
Dieser Schüler beginnt, z.B. Marie. Sie sagt:
„Ich fahre nach Alaska und nehme Musik mit."
Nun ist der nächste Schüler an der Reihe und nennt ein Wort. Marie entscheidet, ob das Rätsel gelöst ist.
Simon will ein Auto mitnehmen, das darf er nicht.
Anne will ein Pferd mitnehmen.
Marie sagt: „Nein, das nicht, aber du hättest ein Auto mitnehmen können!"
Ein Schüler, der die Regel durchschaut hat, verrät sie nicht etwa, sondern er spielt nun aktiv mit.

Förderschwerpunkte der in diesem Buch aufgeführten Spiele

Nummer der Spiele

Assoziationsvermögen	38
Aufmerksamkeit	11, 12
Einschätzungsvermögen	26
Erinnerungsvermögen	8, 31
Fantasie	4
Feinmotorik	6, 13
Gruppenbildung	1
Kombinationsfähigkeit	7, 18, 19, 22, 33
Konzentration	2, 7, 13, 16, 17, 18, 19, 21, 22, 24, 25, 26, 28, 29, 31, 36, 38, 40
Koordination	2, 17, 35
Körperbeherrschung	36
Kreativität	31, 36, 39
Mengen schätzen / vergleichen / messen	14
Orientierungssinn	5
Reaktionsfähigkeit	30
Rechnen	26
Rhythmusgefühl	16
Sprachvermögen	3, 7, 13, 19, 34, 37, 40
Wahrnehmung	3, 4, 5, 6, 8, 9, 10, 11, 12, 14, 15, 20, 23, 27, 30, 32, 33, 34, 35, 37, 39
Zeitempfinden / Zeiteinschätzung	32

Unter **www.friedrich-verlag.de** finden Sie Materialien zum Buch als Download.
Bitte geben Sie den achtstelligen Download-Code in das Suchfeld ein.

DOWNLOAD-CODE: d14972wk

Hinweis:

Das Download-Material enthält **Vorlagen für Spielmaterialien, Abbildungen und Texte sowie für einen Lösungsbogen,** die Sie bei der Vorbereitung Ihres Unterrichts unterstützen.

Als Käufer des Buches (ISBN 978-3-7800-4972-8) sind Sie zum Download dieser Datei berechtigt. Weder die gesamte Datei noch einzelne Teile daraus dürfen ohne Einwilligung des Verlages an Dritte weitergegeben oder in ein Netzwerk gestellt werden. Dies gilt auch für Intranets von Schulen und sonstigen Bildungseinrichtungen.

Der Verlag behält sich vor, gegen urheberrechtliche Verstöße vorzugehen.

Haben Sie Fragen zum Download? Dann wenden Sie sich bitte an den Leserservice der Friedrich Verlags GmbH. Schreiben Sie uns oder rufen Sie uns an!

Sie erreichen unseren Leserservice
Montag bis Donnerstag von 8–18 Uhr
Freitag von 8–14 Uhr
Tel.: 05 11 / 4 00 04-1 50
Fax: 05 11 / 4 00 04-1 70
E-Mail: *leserservice@friedrich-verlag.de*

Wir freuen uns über Ihre Rückmeldung und helfen Ihnen gerne weiter!